습관을 바꾸는 생각의 힘

# THINKING
# HABITS

무의식적으로 생긴 습관을 의식적으로 바꾸는 변화의 기술

# 습관을 바꾸는 생각의 힘

야마사키 히로시 지음 | 한양희 옮김

이터

차례

**1장**

**나쁜 습관,
도대체 왜
안 고쳐지는
걸까?**

**2장**

**습관을
바꾸기 위한
생각 연습**

## 5장

습관을
바꾸는
**가장
심플한 방법**

# 습관을 바꾼다는 건
# 생각을 바꾼다는 것

## 행동과 사고, 둘 다 바뀌어야 한다

———

고등학생 때나 50세가 된 지금이나 저는 '달라지고 싶다'는 생각을 끊임없이 하고 있습니다. 그때와 변화하고 싶은 부분은 좀 다르지만 달라지고 싶다는 생각만큼은 같습니다.

우리가 보통 달라지고 싶다고 생각하는 때는 언제일까요? 고등학생 때 저는 와세다나 게이오 대학에 들어가고 싶었습니다. 그러려면 높은 점수를 받아야만 했지만 당시 제 성적은 그저 그런 수준이었습니다. 또 사회인이 되면 강사가 되어 많은 사람들 앞에서 제 의사를 마음껏 표현하고 싶다고 생각하면서도 사람들 앞에만

서면 일단 공포심이 앞섰습니다.

우리는 다양한 상황에서 달라지고 싶어 하면서도 자꾸 이런 생각을 합니다.

'(무언가) 해보고 싶은데 안 돼.'

'(무언가) 그만두고 싶은데 그만둘 수 없어.'

이런 생각을 다음과 같이 이미지화해보세요.

'아무리 해도 안 되던 것이 가능해진다면?'

'그만둘 수 없던 것을 그만두게 된다면?'

생각을 이미지화하려면 어떻게 해야 할까요? 포인트는 이 책의 주제인 '습관화'라고 할 수 있습니다. 이 책에서는 나를 망치는 나쁜 습관을 고치고, 원하는 습관을 몸에 익히기 위한 구체적인 방법을 제시하고 있습니다.

습관화라고 하면 어떤 이미지를 떠올릴 수 있을까요? '아침 일찍 일어나 공부할 수 있게 되는 것', '주 3회 스포츠센터를 다니게 되는 것' 등 건전한 습관을 몸에 익히는 것이라고 생각하는 분들이 많을 것입니다. 또 '초콜릿 그만 먹어야지' 등 나쁜 습관을 멈추

| 그림 1 : 행동 습관과 사고 습관 |

**행동 습관**

아침 일찍 일어난다.

**사고 습관**

비관적으로 생각한다.

고 싶어 하는 분들도 있을 것입니다. 여기서 든 예는 '행동 습관'이라고 불리는 것들입니다.

행동의 원인이 되는 것은 '사고 습관'입니다. 우리가 머릿속으로 생각하는 것은 대부분 습관화되어 있습니다. 비관적인 사람은 아침에 일어나 자연스레 이를 닦듯이 비관적인 것을 생각하는 패턴을 가지고 있는 것입니다.

눈에 보이는 행동은 머릿속에서 생각한 것을 현재화시킨 것입니다. 따라서 사고 습관을 바꿔야 인생이 바뀔 수 있습니다. 이 책에서는 행동 습관의 배경에 있는 사고 습관을 바꾸는 것에 좀 더 비중을 두고 있습니다. 또 인생을 바꿀 습관화 비결을 알려드리고자 합니다.

습관에 대해 곰곰이 생각해보면 대부분 나도 모르게 내 몸에 익숙해져버린 것입니다. 앞서 말한 비관적으로 생각하는 사고 습관도 나도 모르게 내 몸에 익숙해져버린 것입니다. 이처럼 나도 모르게 익숙해져버렸다는 것은 의식하지 못한 채 '무의식적'으로 하는 것이라고 말할 수 있습니다. 그에 반해 나쁜 습관을 고치거나 원하는 습관을 몸에 익히는 것은 '의식적'으로 만들어가야 하는 것입니다. 중요한 것은 의식적으로 바꿔나가야 한다는 것입니다.

## 습관을 바꾸려면 뇌 속 프로그램을 바꿔야 한다

'의식적으로 나 자신을 바꿔나간다'는 것은 어떤 의미일까요? 그것은 의식적으로 뇌 속 프로그램을 다시 만드는 것을 말합니다.

인간의 뇌는 컴퓨터와 닮은 부분이 많습니다. 예를 들어 스포츠를 좋아하는 사람도 있고 싫어하는 사람도 있듯, 어느 특정한 것을 좋아하는 사람과 싫어하는 사람이 있겠지요. 이것은 뇌 속에 어떤 프로그램이 들어 있는가에 따른 차이라고 할 수 있습니다. 특정한 것을 싫어하는 사람도 뇌 속에 어떤 프로그램을 만들어 넣느냐에 따라 좋아하게 될 수가 있는 것입니다.

뇌 속 프로그램을 바꾸면 좋아하는 것까지는 아니어도, 적어도 싫어하지는 않게 됩니다. 뇌 속 프로그램을 바꾸는 기술은 습관을

| 그림2 : 뇌 속 프로그램 |

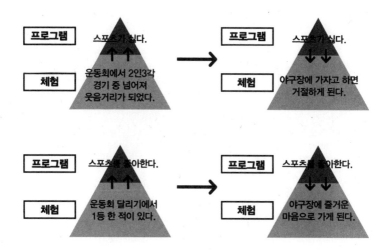

고치는 데 굉장히 도움이 됩니다. 뇌 속 프로그램을 다시 만드는 것 이상으로 중요한 것이 있는데, 그것은 자기 자신을 바꿔가는 것이 얼마나 가능한지를 아는 것입니다.

내 안에는 두 가지 면의 내가 있습니다. '매주 운동하러 다니고 싶어'라고 생각하는 나, 동시에 '아, 귀찮아'라고 생각하는 내가 있을지도 모릅니다. 오로지 운동하러 다니고 싶다고만 생각한다면 바로 습관화될 테니 굳이 운동하러 다니는 습관을 만들고 싶다고 희망할 일도 없겠지요? 그렇다는 것은 어떤 일을 습관화하고 싶다는 생각 이면에는 그것을 하고 싶지 않다는 마음도 있는 것입니다.

| 그림3 : 두 가지 면의 나 |

매주 운동하러 가는 습관을 갖고 싶어.

매주 운동 다니려니 너무 귀찮아.

습관화하는 편이 좋을 것 같다고 생각하는 나

하고 싶어 하지 않는 나

내 안에 존재하는 다양한 나는 대부분 '바뀔 수 없는 나'입니다. 많은 사람들이 달라지고 싶어도 좀처럼 달라질 수 없는 것은, 바뀔 수 없는 내가 나를 바꾸려 하기 때문입니다. 아무리 고도의 기술이 있다 할지라도 바뀔 수 없는 나를 사용하는 한 달라지지 않습니다.

이 책에서는 우선 '바뀔 수 있는 나'와 '바뀔 수 없는 나'의 차이를 이해하도록 합니다. 이제껏 달라지고 싶다고 생각해도 좀처럼 쉽지 않았다면 원인은 여기에 있을지 모릅니다. 한마디로 '자신을 바꾼다'는 것은 바뀔 수 있는 내가 뇌 속 프로그램을 바꾸는 것입니다. 그리고 새로운 습관을 몸에 익히는 것뿐입니다. 이 책에서 소개하는 습관화란 이러한 것을 행동에 옮길 수 있게 되는 것입니다.

습관은 대부분 나도 모르게 내 몸에 익숙해져버린 것, 즉 무의식적으로 생긴 것입니다. 습관은 무의식적으로 바로 실행하는 것이기 때문에 대표적인 뇌 속 프로그램이라고 말할 수 있습니다. 결국 나쁜 습관을 고치기 위해서는 뇌 속 프로그램을 다시 만들어야 하는 것입니다. 다시 말해 무의식적으로 만들어진 뇌 속 프로그램을 의식적으로 바꿔나가야 하는 것입니다.

우리는 의식하지 못하는 사이에 습관대로 생각하거나 행동하고 있습니다. 따라서 나쁜 습관을 고치거나 원하는 습관을 몸에 익히려면 무의식적으로 생긴 뇌 속 프로그램을 의식적으로 다시 만들 필요가 있습니다. 뇌 속 프로그램을 다시 만드는 방법은 무의식적으로 프로그램이 만들어진 방법과 같습니다. 즉, 체험(오감)과 언어를 의식적으로 사용해 실행하는 것입니다.

### 뇌 속 프로그램은 어떻게 만들어지는 것일까?

이 책에서는 뇌 속 프로그램을 바꾸는 방법에 대해 설명하고 있습니다. 뇌 속 프로그램이란 제가 전문적으로 가르치고 있는 심리학의 한 방법으로, 'NLP(신경언어프로그래밍)'라고도 합니다. 이 책에서는 단순히 NLP만을 다루고 있지는 않지만, 뇌 속 프로그램을 바꾸는 것에 관해서는 세미나나 카운슬링 현장에서 20년 가까이 전파해온 NLP의 핵심을 응용하고 있습니다.

NLP의 'N'은 뉴런Neuron, 즉 '신경'을 의미하고 'L'은 언어Language, 'P'는 프로그래밍programming입니다. 신경은 인체에 있는 신경 시스템을 말하는데, 쉽게 설명하면 '오감五感'을 뜻합니다. 그리고 오감은 체험을 구성하고 있는 것입니다. 예를 들어 햄버거를 먹을 때 우리는 햄버거의 맛(미각)과 냄새(후각), 햄버거를 입속에 넣었을 때 느끼는 온도(촉각), 햄버거를 굽는 소리(청각), 그리고 햄버거가 맛있게 구워지고 있는 영상(시각)을 체험합니다. 다시 말해 햄버거를 먹는다고 하는 체험은 오감 정보를 만들어가는 것입니다. 이 책에서는 간단히 '오감＝체험'이라고 기억해두시면 되겠습니다.

컴퓨터 프로그램은 컴퓨터 프로그래머가 키보드를 사용해 입력하고 만들어갑니다. 한편 인간의 뇌 속 프로그램을 만들 때 키보드에 해당하는 것은 체험과 언어입니다. 여기서 컴퓨터 프로그램을 만드는 것과 뇌 속 프로그램을 만드는 것의 차이에 대해 좀 더 자세히 언급하려 합니다.

컴퓨터 프로그램은 의식적으로 만들어지는 데 반해 뇌 속 프로그램은 무의식적으로 만들어지는 것입니다. 컴퓨터 프로그램은 프로그래머가 의식적으로 만들어갑니다. 그러면 인간의 경우는 어떨까요? 가령 개에 물렸을 때 '개 공포증을 가져야지'라고 의식적으로 정할까요? 잠시만 생각해봐도 그렇지 않다는 것을 알 것입니다. 개에 물린 순간 무의식적으로 개 공포증을 갖게 되는 것입니다.

NLP에서는 체험과 언어가 뇌 속 프로그램을 만든다고 봅니다. 예를 들어 어렸을 때 개에 물린 적이 있다면 개 공포증이 생길지도 모릅니다. 여기서 '개에 물린다'는 것은 체험을 의미합니다. 그리고 그날 이후 개를 볼 때마다 '무섭다'고 느끼게 됩니다. 즉, '개를 본다 →공포를 느낀다'라고 하는 프로그램이 작동되는 것입니다.

컴퓨터 같은 프로그램에서는 어떤 것을 입력하면 정해진 것을 출력해내는 특징이 있습니다. 컴퓨터의 메일 소프트를 클릭하면 반드시 메일 소프트가 작동하는 형태입니다. 인간에게도 이러한 프로그램이 무수히 많습니다. 단지 인간의 경우 입력은 클릭이 아닌 '자극', 출력은 소프트 작동이 아닌 '반응'이 됩니다.

우리의 뇌 속 프로그램에는 공포심부터 가치관까지 다양한 것이 있습니다. 믿기 어려울지도 모르겠지만, 사실 당신 안에도 무수히 많은 프로그램이 있고 그 프로그램대로 당신은 반응하고 있는 것입니다. 잘 생각해보면 가치관이 다를 경우 반응하는 방식도 달라진다는 것을 느낀 적이 있을 것입니다.

예를 들어 약속 시간을 중요하게 생각하는 사람과 그렇지 않은 사람은 약속 시간에 늦게 온 사람을 대할 때의 반응이 다르게 나

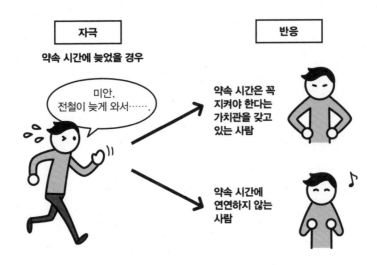

| 그림 4 : 자극과 반응의 메커니즘 |

타납니다. 이를 '자극→반응'에 적용시켜보면, 약속 시간을 굉장히 중요하게 여기는 사람은 약속 시간에 늦은 사람을 보고 다음과 같은 반응을 보입니다.

**약속 시간에 늦은 상대를 본다.(자극)→열받아한다.(반응)**

한편 약속 시간에 크게 신경 쓰지 않는 사람이라면 같은 자극에도 전혀 다른 반응을 보이게 됩니다.

**약속 시간에 늦은 상대를 본다.(자극)→만나게 되어 안심한다.(반응)**

가까이에서 자주 볼 수 있는 이러한 상황도 내장되어 있는 뇌 속 프로그램의 차이에 의한 것입니다.

## 뇌 속 프로그램을 바꾸는 가장 심플한 방법

많은 사람들이 오랜 기간에 걸쳐 다이어트를 시도했지만 안 좋은 습관이 방해를 했던 경험이 있을 것입니다. 이는 곧 다이어트를 할 수 없게 만드는 뇌 속 프로그램이 있다는 뜻이기도 합니다. 다시 말해 과거에 체험했던 것이나(NLP의 'N'), 어릴 적 부모님에게 들었던 말(NPL의 'L') 등의 영향에 따라 무의식적으로 프로그램이 생겨버려, 그 프로그램대로 움직여왔기 때문에 다이어트에 성공할 수 없었던 것입니다. 바로 이것이 습관을 바꾸기 어려운 이유입니다.

예를 들어 자주 지각하는 버릇이 있는 사람 중에 '모임 시간에 늦는 건 창피한 일이야'라고 생각하면서도 아침만 되면 일어나기 힘들어하는 경우가 있습니다. 이런 사람들은 "모임 시간에 안 늦으려 하는데 왜 그런지 자꾸 그렇게 되어버려요"라고 말합니다. 무의식적으로 생긴 프로그램이 자동적으로 어떤 행동을 하도록 이끄는 것입니다. 이런 분들에게는 이 또한 바꿀 수 없는 나쁜 습관입니다.

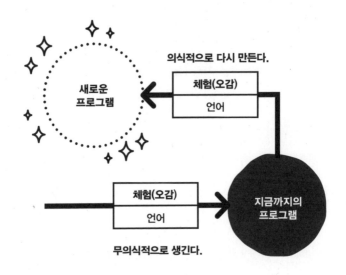

| 그림 5 : 뇌 속 프로그램을 바꾸는 방식 |

의식적으로 다시 만든다.

새로운
프로그램

체험(오감)
언어

체험(오감)
언어

지금까지의
프로그램

무의식적으로 생긴다.

나쁜 습관을 고치는 것이나 원하는 습관을 몸에 익히는 것은 의식적으로 자신을 바꿔나가는 것입니다. 뇌 속 프로그램을 바꾸는 것도 체험과 언어를 의식적으로 사용해 실행하는 것입니다. 여기까지 읽고 인간이 무의식적으로 생긴 프로그램에 따라 살아가고 있다는 것이 한심하게 생각될지도 모르지만, 사실 우리에게는 로봇 같은 부분뿐 아니라 인간적인 면도 있습니다.

로봇은 스스로 바꿔나가는 것이 불가능합니다. 로봇을 수리하거나 다시 만드는 것도 결국은 인간의 역할입니다. 우리 안에는 '로봇 같은 나'와 '인간인 나'가 공존합니다. 우리 안에는 자신을 바꾸지 못하는 나와 자신을 바꿔나갈 수 있는 나가 있음을 기억하시기 바랍니다. 프로그램대로 움직이는 로봇 같은 나는 자신을 바꾸지 못하는 나이고, 인간인 나야말로 자신을 바꿔나갈 수 있는 나인 것입니다.

이 책은 총 5장으로 구성되어 있습니다. 우선 1장에서는 나쁜 습관을 고치기 힘든 이유를 알아보고, 2장에서는 습관을 바꾸기 위해 생각 연습을 하도록 안내합니다. 3장에서는 무의식적으로 생긴 습관을 의식적으로 바꾸는 방법에 대해 설명합니다. 그것은 바로 의식의 방향을 바꾸는 것입니다. 4장에서는 뇌 속 프로그램을 바꿈으로써 습관을 바꾸는 기본적인 방법에 대해 배워봅니다. 5장에서는 4장에서 소개한 새로운 습관화 이론을 일상에서 곧바로 실천할 수 있는 심플한 방법을 소개합니다.

이 책에 실린 심플한 습관 바꾸기 프로그램을 실천함으로써 여러분이 원하는 모습으로 바뀌어가기를 기대합니다. 올바른 습관을 갖게 되면 분명 질적으로도 풍요로운 인생이 펼쳐질 것입니다.

THINKING

**1장**

## 나쁜 습관, 도대체
## 왜 안 고쳐지는 걸까?

HABITS

# 습관은
# 무의식적으로 만들어진다

## 우리의 행동은 상상 이상으로 습관화되어 있다

———

미국 듀크대학교의 연구에 따르면 '우리가 하는 행동의 45퍼센트는 습관에 의해 이루어진다'고 합니다. 행동이 뇌 속 프로그램에 의해 패턴화되어 있다고 한다면 사고나 감정 등 내면까지도 습관화된 것이라고 할 수 있습니다. 이는 우리가 습관에 따라 살아가게 된다는 것을 의미합니다.

우리가 습관이라고 부르는 것은 뇌 속 프로그램의 일부입니다. 뇌 속 프로그램은 보다 큰 의미에서는 습관이라고 할 수 있습니다. 습관을 뇌 속 프로그램으로 해석하면 습관의 성질이나 습관화되는 과정을 더욱 잘 이해할 수 있습니다. 습관을 바꾸려면 이와 같은 습관의 본질을 민저 이해해야 합니다. 이제부터 눈에 보이는 습관을 만들어내는 뇌 속 프로그램에 대해 자세히 설명해보겠습니다.

## 깨닫지 못하면 변할 수 없다

우리는 자신의 습관을 전혀 깨닫지 못하는 경우가 있습니다. 평소 걷는 모습이 어떤지 스스로 모르는 사람이 많을 것입니다. 이렇게 평소 내가 걷는 법도 자동적으로 프로그램화(습관화)되어 있는 것입니다. 자신의 걸음걸이처럼 깨닫지 못하는 것은 '무의식'을 의미합니다. 습관은 대부분 무의식적으로 실행하는 것들입니다.

평소 알지 못했던 습관이나 버릇들을 깨달았다면 그것은 더 이상 무의식이 아닌 '의식'이 됩니다. 저는 식사 속도가 빠르다든가, 입을 다물지 않은 채 음식을 씹는다는 것을 지적을 받고 나서야 알게 되었습니다. 그러한 사실을 알게 된 후부터는 음식을 먹을 때 조심하게 되었습니다. 그리고 이것을 계속 의식해 실천하다 보니 입을 다물고 먹는 습관을 갖게 되었습니다.

깨닫지 못하면 변할 수 없습니다. 습관을 바꾸는 첫걸음은 무의식적으로 하던 것을 의식화하는 것입니다.

| 그림 6 : 뇌 속 프로그램의 구조 |

의식= 왕

뇌 속 프로그램=부하

부하에게 지배당하고 있는 왕
(자신이 왕인 것도 잊음)

여기까지의 설명을 보면 무의식이 좋지 않은 것처럼 여겨질 수
도 있습니다. 하지만 알고 보면 무의식은 우리에게 굉장히 도움이
되는 부하 같은 존재입니다.

만약 우리 몸에 딸려 있는 내장이 일일이 명령을 해야만 작동한
다면 어떨까요? 위에 명령을 해야 위액을 분비하거나 간에 명령을
해야 독소를 분해한다면, 이렇게 일일이 명령해야만 실행한다면
우리 몸의 각 부분에 명령을 하다가 하루가 끝나버리겠지요. 아니,
어쩌면 하루가 부족할지도 모릅니다. 다행히 우리 몸속의 각 장기
는 의식하지 않아도 자동으로 움직이고, 무의식적으로 역할을 수
행합니다. 이처럼 무의식적으로 실행함으로써 도움이 되는 것들
도 많습니다.

# 의식은 왕,
# 무의식은 부하와 같다

## 습관을 의식적으로 바꿔야 하는 이유

여기서 의식의 역할을 확실히 짚고 넘어가봅시다. 비유적으로 표현하자면 의식은 '왕국의 왕(사령탑)'과 같습니다. 시중의 자기계발서를 보면 '무의식은 의식보다 압도적인 힘이 있다', '실질적으로 인간을 움직이는 것은 무의식이다'라는 내용이 많은데 정말 그럴까요?

몸 안에 있는 장기들의 역할은 의사가 아니고서는 알기 어렵지요. 그런데 내가 의식하지 않아도 무의식은 혈액을 제대로 만들고 있습니다. 이와 같은 일들이 무수히 많음을 생각해보면 실질적으

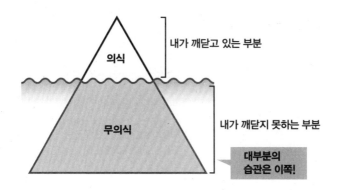

| 그림 7 : 의식과 무의식 |

의식
내가 깨닫고 있는 부분

무의식
내가 깨닫지 못하는 부분

대부분의
습관은 이쪽!

로 인간을 움직이는 것은 무의식이라는 사실을 인정할 수밖에 없지요. 또한 의식과 무의식의 비율을 1 대 2만이라고 이야기하는 전문가도 있습니다. 그렇다면 의식은 '2만 명의 국민이 있는 왕국의 왕'이라는 표현도 가능합니다.

심장도, 폐도, 위도 왕인 의식의 부하입니다. 이 장기들이 장관 정도의 중요한 위치라면, 장기들을 구성하고 있는 세포는 말단부하라고 생각할 수 있겠지요. 왕인 의식은 그 나라에서 가장 중요한 두 가지 임무를 수행해야 합니다.

첫째, 나라가 어떤 방향으로 나아가야 할지를 정해야 합니다. 달리 표현하자면, 어떻게 살아갈지를 정하는 것입니다. 나의 이상, 즉 비전을 제시하고 그것을 달성하기 위해 무엇을 선택할지를 정해야 하는 것입니다.

둘째, 비전을 실현하기 위한 효율적인 조직을 만들어야 합니다. 이를 위한 방법은 사실 습관화밖에 없습니다. 비전을 실현하기 위해 의식이 일일이 무엇을 지시하지 않아도 자동적으로 무의식이 행동을 취해준다면 이보다 편안한 게 있을까요? 만약 왕이 큰 꿈을 가지고 있음에도 불구하고 부하들이 알코올 의존도가 높은 나쁜 습관을 가지고 있다면 어떨까요? 부하들은 왕의 꿈에 방해되는 행동들만 할 가능성이 높습니다. 따라서 나쁜 습관을 고치는 것과 이상적인 습관을 만드는 것도 의식의 중요한 임무입니다.

## 좋은 습관을 가지면 더 중요한 일에 전념할 수 있다

의식이 왕으로서 무의식을 잘 다스리고 이상적인 습관을 만드는 것은, 현실에 비유하자면 경영자나 리더의 역할과 같다고 할 수 있습니다. 당신이 조직의 리더라면 중요한 일에 전념하기 위해 덜 중요한 일은 부하에게 가르치고 맡겨버리겠지요. 그렇게 함으로써 당신은 보다 중요한 일에 몰두할 수 있게 됩니다. 이는 자동차 운전을 몸에 익히는 것과 비슷한 원리입니다.

운전도 처음에는 기능을 하나하나 의식하며 조작해갑니다. 하지만 여러 번 운전을 반복하다 보면 무의식이 운전하는 방법을 기억해 이후에는 다른 중요한 일을 생각하면서 몸이 자동적으로 운전하고 있는 것처럼 느껴질 때가 있지요. 매번 일일이 자동차 기능을 생각하며 운전을 해야 한다면 왕만이 할 수 있는 일에 소홀해지게 됩니다. 따라서 많은 부분을 무의식이 자동적으로 움직여주는 편이 좋습니다.

의식이 왕의 역할에 전념할 수 있도록 나머지 일들은 무의식이 담당해야 합니다. 원하는 습관을 의식적으로 만들어 나머지는 무의식에 맡긴다면 보다 효율적으로 살아갈 수 있을 것입니다.

# 습관이 되면
# 몸이 자동적으로 움직인다

## 뇌 속 프로그램의 목적은 안전과 효율

뇌 속 프로그램은 무의식적으로 만들어진 것입니다. 비록 단 한 번의 체험일지라도 그 강도가 세면 뇌 속 프로그램이 만들어집니다. 다수의 공포증이 그에 해당합니다. 개 공포증도 단 한 번의 체험으로 생겨날 수 있습니다. 또 반복된 체험에 의해서도 뇌 속 프로그램이 만들어집니다. 습관도 대부분의 경우 반복된 행동에 의해 생겨난 것입니다.

그러면 뇌 속 프로그램은 왜 만들어질까요? 무의식이 뇌 속 프로그램을 만드는 목적은 우리를 보다 안전하고 효율적으로 살아가도

## | 그림 8 : 안전장치와 공식화 |

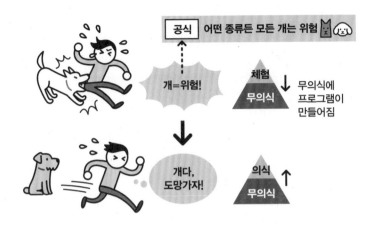

록 하기 위함입니다. 개에 물린 것은 굉장히 위험한 체험이기 때문에 개를 볼 때마다 자동적으로 몸이 무섭다고 반응하도록 만듭니다. 그러므로 뇌 속 프로그램에는 안전장치가 있는 것이지요.

게다가 무의식은 자신을 물었던 개만 무섭다고 인식하는 것이 아니라 개라면 모두 무섭다고 인식하도록 합니다. 여기서 공식화되었다는 것을 알 수 있습니다. 이렇게 공식화함에 따라 개에 물렸던 한 번의 체험을 비슷한 다른 상황에까지 응용하는 것입니다.

뇌 속 프로그램은 어떤 체험을 앞으로의 인생에 적용시키는 도구로 사용 가능하게 만듭니다. '개=위험'의 공식이 성립되면 그것이 위험한지 어떤지 일일이 생각할 필요가 없습니다. '이 개는 위험한가?'라고 생각하는 데 시간을 들이는 것은 쓸데없는 에너지

낭비입니다. 고민할 필요 없이 순식간에 판단할 수 있어야 효율적이라고 할 수 있겠지요.

## 과거의 체험이 공식화되어 습관이 되는 것

———

저는 어렸을 때 호기심에 칼로 손가락을 찔러본 적이 있는데 너무 아파서 두 번 다시는 이 같은 일을 하지 않았습니다. 그 후 칼을 보면 특별히 의식하지 않아도 자동적으로 주의하게 되었습니다. 무의식이 뇌 속에 '칼에 찔리면 아프다'는 프로그램을 심어놓았기 때문입니다.

의식하지 않아도 조건반사적으로 칼을 조심하게 된 것은 좋은 습관이라고 말할 수 있습니다. 이를 통해 무의식은 우리가 안전하게 살아갈 수 있도록 시스템을 만드는 우수한 부하 같은 존재라는 것을 알 수 있습니다. 이처럼 과거의 체험을 무의식이 자동적으로 활용해주는 뇌 속 프로그램은 많은 도움이 됩니다.

제 경우 칼은 위험하다는 것을 적절히 배웠습니다. '적절히'라고 표현한 데에는 이유가 있습니다. 저는 체험을 통해 칼이 위험하다는 것을 배웠지만 칼을 전혀 만질 수 없거나 칼에 대해 공포증을 갖게 되지는 않았습니다. 그런데 저와 같은 체험을 하고 공포증을 갖게 된 사람도 있습니다. 칼과 같은 뾰족한 것을 두려워하는 공포증을 갖게 되면 가위를 사용해도 긴장되고, 칼로 요리하는 것조차 무서워할 수 있습니다. 이는 공식화의 나쁜 예라고 할 수 있습니다.

지나친 공식화는 이처럼 폐해를 일으킵니다. 무의식의 지나친 공식화에 의해 의식이 곤란해지면 무의식의 지나친 보안으로 몸이 자유롭지 못하게 됩니다. 무의식이 너무 강력한 안전 시스템을 만들어버리면 왕인 의식은 그 시스템을 완화시킬 수 있습니다. 이때 무의식이 만든 안전 시스템을 조정하는 것도 왕의 중요한 역할입니다. 이것이 바로 나쁜 습관을 고치는 것입니다.

# 나쁜 습관을 못 고치는 건
# 무의식에 따르기 때문

**뇌 속 프로그램은 사고, 감정, 신체를 통해 실행된다**

뇌 속 프로그램은 사고, 감정, 신체를 통해 작동합니다. 예를 들어 개 공포증이 있으면 '개가 무서워'라는 생각을 하고, 그로 인해 개를 보면 강한 공포심에 사로잡혀 몸이 긴장을 하게 됩니다.

뇌 속 프로그램대로 의식이 흘러가고 있을 때에는 설정된 프로그램에 따라 사고, 감정, 신체가 연계되어 움직입니다. 그것은 우리가 바라든, 바라지 않든 상관없습니다. 그에 반해 주체적으로 선택할 수 있는 상태에서는 의식이 사고, 감정, 신체를 조종하고 있는 것입니다. 우리가 안 좋은 습관을 고치기 쉽지 않은 이유는 뇌 속 프로그램에 의해 사고, 감정, 신체가 움직이는 꼭두각시가 되어 있기 때문입니다.

의식은 나 자신의 것으로, 엄밀히 표현하면 '주체적으로 선택할 수 있는 의식' 상태를 말합니다. 이렇게 돌려서 표현하는 이유는, 우리가 주체적으로 살아가고 있지 않기 때문입니다. 다시 말해 우리는 놀라울 만큼 무의식적으로 살아가고 있습니다. 그리고 무의식적으로 살아가고 있을 때 우리는 '무의식적으로 흘러가는 의식' 상태가 됩니다.

무의식적으로 흘러가는 의식이란 부하들이 만들어놓은 시스템대로 왕이 따르고 있는 것을 의미합니다. 믿기 어려울지 모르겠지만, 이 경우 의식은 거의 잠들어 있는 상태와 같습니다.

**의식이 신체 반응을 결정한다**

인도의 오래된 철학에서는 의식을 왕, 사고는 마부, 감정은 말, 신체는 마차에 비유합니다. 이것은 의식의 본질이 사고도, 감정도, 신체도 아님을 의미합니다.

다음 페이지의 [그림9]를 보면 의식이 가장 위에 있고, 이어 사고, 감정, 신체가 있습니다.

| 그림 9 : 의식, 사고, 감정, 신체의 단계 |

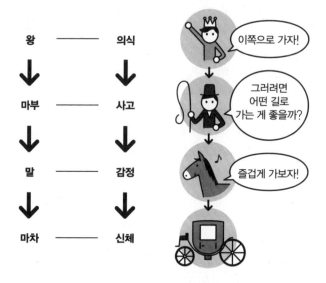

왕 ——— 의식

마부 ——— 사고

말 ——— 감정

마차 ——— 신체

1. 왕이 가고 싶은 곳으로 간다.

2. 왕이 자고 있어 말이 가고 싶은 곳으로 간다.

신체의 반응은 '배가 고프다'라든가 '덥다, 춥다' 등 신체 안과 밖에서 일어나고 있는 것을 알려줍니다. 무더우면 에어컨을 켜는 식

으로 신체에서 느끼는 반응에 따르는 것이 일반적이지요. 이처럼 신체는 쾌감이나 불쾌감을 통해 의식에 어떤 행동을 취하도록 재촉합니다.

가령 방 안이 덥다고 느끼면 사람들은 에어컨을 켜야겠다고 생각합니다. 하지만 '몸이 너무 차가워지면 좋지 않다'는 것을 알고 있다면, 에어컨을 켜는 대신 창문을 여는 것으로 더위를 견딜지도 모릅니다. 이처럼 신체에서 느끼는 반응에 역행하게 되는 것입니다. 에어컨을 켜고 싶다고 느끼면서도 오히려 더운 채로 견디기 때문이지요.

인간은 쾌감이나 불쾌감에 따라서만 살아가지 않습니다. 그러면 무엇이 쾌감이나 불쾌감을 거스를까요? 그것은 바로 의식입니다. 여기서 이해했으면 하는 것은, 쾌감이나 불쾌감은 어디까지나 신체의 안과 밖에서 일어나는 것을 알려주는 신호에 지나지 않는다는 것입니다.

한편 같은 상황에서도 '일단 시원하게 하고 싶다'는 욕구에 몸을 맡길 수도 있겠지요. 아무것도 생각하지 않고, 다시 말해 무의식적으로 신체에서 원하는 반응에 몸을 맡기게 되는 것입니다. 이처럼 반응하는 대로만 따르게 되면 우리는 점점 무의식적으로 행동하게 됩니다. 조건반사와 같이 반응에 의해서만 살아가게 되는 것입니다.

예를 들어 우리는 뜨거운 물에 발을 넣으면 바로 빼게 되지요? 이 또한 조건반사입니다. 예전에 생굴을 먹고 식중독에 심하게 걸렸던 사람은 굴을 보는 순간 구토 증상을 일으킬지도 모릅니다. 이것도 조건반사라고 할 수 있습니다.

# 의식 상태와 무의식 상태의 차이

## 피곤할 때에는 무의식적으로 행동하기 쉽다

주체적으로 선택한다는 것은 조건반사를 거스르는 것입니다. 조건반사가 무의식적이라면, 주체적으로 선택하는 것은 의식적인 것입니다.

결국 주체적으로 선택한다는 것은 신체 등이 반응에 따를지, 그렇지 않고 거스를지를 결정하는 것입니다. 이처럼 신체 반응을 그대로 받아들이지 않고 어떻게 할지 결정 가능한 상태를 의식적이라고 말합니다. 한편 무의식적이란 신체의 반응에 순응하며 살아가는 상태입니다.

인간은 대부분의 시간을 무의식 상태에서 살아가기 때문에 패턴대로만 살아갈 수밖에 없습니다. 이 상태에서는 습관을 바꾼다는 것이 굉장히 어렵습니다. 이해를 돕고자 조금 더 자세히 설명해보도록 하겠습니다.

기본적으로 우리는 무의식 상태에서 살아가고 있다고 할 수 있는데, 무의식 상태는 정도에 따라 '아주 무의식적인 상태'와 '의식이 조금은 있는 상태'가 있습니다. 아주 무의식적인 상태는 너무 피곤해서 녹초가 되어버린 때입니다. 이처럼 에너지가 고갈되었을 때에는 어떤 것도 생각하지 못하고, 거의 대부분 패턴화된 행동만 하게 되지요.

피곤한 상태가 아니더라도 멍하니 있을 때에는 패턴화된 행동을 취하기 쉽습니다. 예를 들어 출근할 필요가 없는 휴일임에도 멍한 상태일 때는 아무 생각 없이 무의식적으로 운전을 하며 회사로 향하게 됩니다. 한동안 휴일이라는 것을 전혀 깨닫지 못한 채······.

한편 에너지가 넘치는 아침에는 어느 정도 나쁜 뇌 속 프로그램(안 좋은 습관)을 거스를 힘이 있어 별로 하고 싶지 않지만 해야 하는 일에도 집중할 수 있습니다. 이때는 의식적인 상태입니다. 의식적인 상태를 보다 강화시킨 것, 그것이 주체적으로 선택할 수 있는 의식입니다.

## 사고, 감정, 신체가 의식 자체는 아니다

———

앞에서 신체 반응뿐 아니라 감정, 사고도 의식 자체는 아니라고
했습니다. 신체 반응과 감정은 닮은 부분이 많은데 먼저 그 차이
를 살펴보도록 하겠습니다.

우선 '춥다, 덥다'는 감정이 아니지요? 이것은 감각적인 반응입
니다. '긴장, 릴렉스' 또한 감각적인 반응으로, 감정이 아닙니다. 감
정을 나타내는 표현은 '기쁘다, 슬프다, 사랑스럽다, 밉다, 두근두
근, 우울, 좋아함, 싫어함' 등이지요? 이것들은 '마음의 기분(감정)'
을 나타냅니다. 한편 '춥다, 덥다, 아프다, 가렵다'는 마음으로 느끼
는 기분이라기보다는 '몸으로 느끼는 감각'이라고 말하는 것이 맞
겠지요.

정리하자면 감각은 '쾌감, 불쾌감'과 관계가 있고, 감정은 '좋아
하는 것, 싫어하는 것'과 관계가 있습니다. 또한 감각적인 반응은
바깥세상의 모습을 알려주는, 색이 칠해져 있지 않은 정보에 가깝
다고 할 수 있습니다.

예를 들어 '춥다, 덥다'는 본래 '좋아하는 것, 싫어하는 것'과
상관이 없지요. 그에 반해 감정은 보다 개인적인 경향이 있습니
다. '덥다'는 것은 여름뿐인 나라에 가면 누구나 느끼는 것이지
요. 이것은 모두가 같습니다. 하지만 더운 것을 좋아하는 사람이

## | 그림 10 : 감각과 감정 |

감각=쾌감, 불쾌감=몸에서 느끼는 감각
(신체 반응)

춥다, 덥다,
긴장되다, 편하다 등

감정=좋아하는 것, 싫어하는 것=마음의 기분

기쁘다, 슬프다, 사랑스럽다,
밉다, 두근대다,
우울하다, 좋아하다, 싫어하다 등

있는가 하면, 싫어하는 사람도 있습니다. 이처럼 감각적으로 느낀 것을 개인이 감정적으로 판단합니다. 감각과 감정은 밀접한 관계가 있습니다.

그러면 좋아하는 것, 싫어하는 것이 의식 그 자체일까요? 결론부터 말씀드리면 좋아하는 것, 싫어하는 것은 의식이 아닙니다. 왜냐하면 의식은 감정을 거스르는 것이 가능하기 때문입니다.

좋아하는 것, 싫어하는 것을 초월하고 싶다는 생각을 해본 적 없나요? 예를 들어 '공부하는 것은 싫은데, 이성적으로 생각해보면 좋아하는 편이 낫겠어'라고 공부의 필요성을 느낀다면 좋아하기 위해 어떤 노력을 할 수도 있겠지요. 인간관계에서도 마찬가지입니다. 동아리 활동에서도, 직장에서도 잘 맞지 않거나 싫은 사람이 있을 수 있습니다. 하지만 팀의 성적을 위해서는 싫어하는 사람과도 잘 지내는 것이 좋겠다고 생각하기도 하지요.

또 자신이 좋아하는 것만 하며, 싫어하는 것은 일체 하지 않는 생활을 할 수도 있습니다. 이는 자신의 감정에 충실히 살아가는 것입니다. 다시 말씀드리지만 감정을 부정하자는 것은 아닙니다. 우리가 풍요로움을 느낄 수 있는 것은 감정을 생생하게 느끼기 때문입니다. 하지만 우리가 괴로워하는 원인 또한 감정 때문입니다.

예를 들어 평소 자신의 주장을 마음껏 펼친다고 칩시다. 이것은 자신의 감정대로 행동하는 것입니다. 그로 인해 주변 사람들에게 미움을 받으면 괴로움이 쌓이겠지만, 감정이 의식과 다르다는 것을 이해한다면 감정이 의식을 지지해줄 든든한 부하가 되도록 만들 수 있게 되는 것입니다.

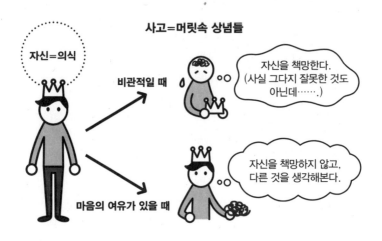

| 그림11 : 의식과 사고 |

사고=머릿속 상념들

자신=의식

비관적일 때

자신을 책망한다.
(사실 그다지 잘못한 것도
아닌데…….)

마음의 여유가 있을 때

자신을 책망하지 않고,
다른 것을 생각해본다.

자, 그럼 이번에는 사고에 대해 생각해봅시다. 사고思考란 '머릿속으로 무언가를 생각하는 것, 머릿속의 상념' 등을 말합니다. '사고=의식'이라고 생각하는 사람도 있을지 모릅니다. 하지만 스스로 생각하고 싶지 않은 것들이 생각난 적도 있지 않나요? 비관적일 때에는 자신의 결점이나 실수를 하나하나 다 끄집어내 생각합니다. 하지만 누구라도 자신을 책망하게 만드는 일들은 떠올리고 싶지 않을 것입니다. 아니, 오히려 꾸짖기만 하고 있는 자신을 보며 '그만해야겠다'고 생각하지 않나요? 부정적인 생각을 그만하려는 것은 의식적으로 생각하고 있다기보다, 무의식이 의식에게 그것에 대해 생각하도록 재촉하고 있는 것입니다.

비교적 마음의 여유가 있을 때에는 설사 비관적인 것만 생각하는 책망의 고리 안에 있다 하더라도 '아니야, 그렇게 생각하지 말자'라고 의식적으로 생각의 대상을 바꿀 수 있습니다. 이처럼 사고도 의식이 선택하는 것이지 의식 그 자체는 아닙니다.

# 변화에는
# 노력이 필요하다

**감정이나 욕구가 앞서면 습관을 고치기 힘들다**

———

앞에서 인도의 옛 철학을 소개하며 신체를 '왕의 마차'에 비유했었지요? 본래 왕의 마차는 왕이 가고자 하는 곳으로 가기 위해 존재합니다. 왕의 마차에는 마부가 있고, 왕은 마부에게 가고 싶은 곳으로 가도록 지시합니다. 마부는 채찍을 휘두르며 왕이 가고자 하는 목적지로 말이 달리게 합니다. 마차는 말에 이끌려 가는 것이지요. 마차는 '신체', 말은 '감정', 마부는 '사고', 그리고 왕은 '의식'을 표현하는 것이라고 했습니다.

본래 사고, 감정, 신체도 의식이 가고자 하는 곳으로 가기 위한 도구에 불과합니다. 그러나 인도의 옛 철학에서는, '사람은 감정이 사고와 의식을 점령하고, 그 감정이 시키는 대로 하고 있다'고 가르치고 있습니다. 이 이론을 여기에 적용해보면 왕은 잠들어 있고 마부는 말의 꼭두각시가 되어, 왕과 마부를 태운 마차는 말이 가고 싶은 곳으로 달리고 있는 것입니다.

흔히 주변에서 일어나는 일들을 예로 들면 옷을 사려고 할 때 '사고 싶다'는 감정이 강할 경우 '지금 사는 게 좋은 이유'를 찾아 그것만 생각하게 되는 식입니다. 자세히 관찰해보면 마부(사고)가 말(감정)의 꼭두각시가 되어 왕(의식)은 말이 가고자 하는 곳으로 따라가는 일이 많다는 것을 알 수 있습니다. 즉, 우리는 무의식적으로 살아가며, 뇌 속 프로그램대로 살아가고 있는 것입니다.

의식과 사고, 감정, 신체를 동일시하는 사람은 습관을 고치기 어렵다고 생각하는 경향이 있습니다. 그렇다면 인간과 동물의 차이를 예로 들어보겠습니다. 개나 고양이와 같은 동물에게 의식이 전혀 없다고는 할 수 없습니다. 하지만 인간과 비교하면 상당히 멍한 상태라고 말할 수 있겠지요. 개나 고양이에게도 감정과 신체가 있습니다. 하지만 동물은 인간에게 강요당하지 않는 한 감정이나 신체의 욕구를 거스를 수 없습니다. 이것이 의식이 있느냐 없느냐의 차이입니다. 이것은 결국 인간이 스스로 패턴(습관)을 의식적으로 바꿀 수 있다는 것, 그리고 동물은 거의 무의식적으로 살아갈 수밖에 없다는 것을 의미합니다.

인간도 동물처럼 욕구나 감정에 따라 살아갈 수는 있습니다. 하지만 그러면 자기 자신을 바꿔나가기가 어렵습니다.

### 좋고 싫음을 뛰어넘어야 변화할 수 있다

----

스포츠나 예술 등의 분야에서 재능을 꽃피우기 위해서는 좋아하는 것만 할 수 없습니다. 축구를 좋아하는 사람이라면 시합이나 슈팅 연습은 좋은데, 근육 트레이닝이나 달리기 등 지루한 기초 트레이닝은 하고 싶지 않을지도 모릅니다. 하지만 재능을 키우려면 아무리 싫어하는 것이라도 반드시 해야만 합니다. 인간은 좋아하는 것, 싫어하는 것을 뛰어넘어 중요하다고 생각하는 것을 해나

**| 그림12 : 의식은 사고, 감정의 방향을 정한다 |**

갈 때 비로소 변화해나갈 수 있는 것입니다.

지금 습관화하는 것이 좋겠다고 생각하는 것은, 현시점에서는 습관화되어 있지 않은 것입니다. 습관화하기 위해서는 현재의 단계에서 싫어하는 것, 잘하지 못하는 것을 식사 후 이를 닦는 것처럼 당연시 여기는 자세가 필요합니다. 그러기 위해서는 가능한 뇌 속 프로그램의 저항을 줄여나갈 필요가 있습니다.

THINKING

**2장**

습관을 바꾸기 위한
생각 연습

HABITS

# 습관을 바꾸기 전에
# 꼭 알아야 할 것

## 의식적으로 만든 습관과 무의식적으로 생긴 습관의 차이

우리는 스스로 의사결정을 하고 있다고 생각하지만, 실제로는 패턴화된 반응이 나오는 것뿐이라고 앞서 말씀드렸지요. 습관도 그 일부입니다. 습관에는 왕이 의식적으로 만든 것과 부하들이 맘대로 만들어낸 것이 있습니다.

가령 손윗사람과 이야기할 때 바른 자세로 경청하는 모습은 그 사람의 이미지를 좋게 합니다. 이런 자세는 하루아침에 몸에 익힌 것이라기보다, 어릴 적부터 가정교육을 받으며 익힌 것입니다. 자라면서 이 같은 자세를 의식적으로 반복하다 이것이 습관이 되고, 자신도 모르게 바른 자세를 취하게 되는 것이지요. 이것은 왕이 부하들에게 명령함으로써 만들어진 습관입니다. 저의 안 좋던 식습관도 음식을 씹을 때 입을 다물지 않는 습관을 가진 아버지를 어렸을 때부터 자연스레 흉내 내게 된 것이었습니다. 이것은 부하들이 멋대로 만든 습관이겠지요.

## 의식적으로 뇌 속 프로그램 바꾸기

노트북이나 컴퓨터는 일단 프로그램이 만들어지면 자동적으로 같은 패턴을 반복합니다. 이것을 인간에게 적용해보면 무의식 상태에서는 뇌 속 프로그램에 의해 같은 패턴을 반복하게 된다는 것

| 그림13 : 뇌 속 프로그램에 따라 움직이는 모습 |

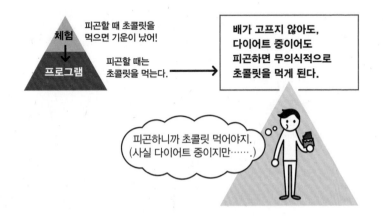

입니다. 그러니까 무의식적으로 흘러가는 의식 상태는 무의식에 의해 습관화되어버린다는 것입니다.

컴퓨터는 프로그래머가 프로그램을 다시 바꿔 입력하면 패턴을 바꿀 수 있습니다. 마찬가지로 우리의 의식도 프로그래머처럼 뇌 속 프로그램을 다시 만드는 것이 가능합니다. 그런데 너무도 당연한 이야기지만, 컴퓨터가 스스로 컴퓨터를 바꿀 수 없는 것처럼 우리의 뇌 속 프로그램도 스스로 바꿀 수는 없습니다. 덧붙여 말하자면 '뇌 속 프로그램과 동일시하고 있는 의식'은 자신을 뇌 속 프로그램이라고 착각하고 있는 것입니다.

| 그림14 : 의식은 뇌 속 프로그램보다 레벨이 높다 |

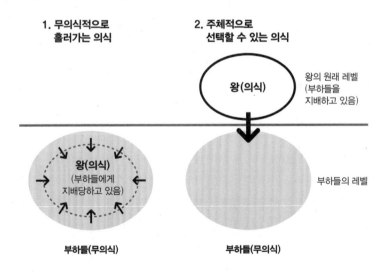

1. 무의식적으로 흘러가는 의식

2. 주체적으로 선택할 수 있는 의식

왕(의식)

왕의 원래 레벨 (부하들을 지배하고 있음)

왕(의식) (부하들에게 지배당하고 있음)

부하들의 레벨

부하들(무의식)

부하들(무의식)

'뇌 속 프로그램과 동일시하고 있는 의식=뇌 속 프로그램'이라고 생각하면 됩니다. 즉, 뇌 속 프로그램과 동일시하고 있는 의식은 같은 레벨의 뇌 속 프로그램을 바꿀 수 없는 것입니다. 이는 뇌 속 프로그램을 바꾸는 것, 즉 습관을 바꾸기 위해서는 현재의 뇌 속 프로그램보다 높은 레벨로 옮겨야만 한다는 것을 의미합니다. 이것이 가능해질 때 의식은 뇌 속 프로그램에서 자유로워집니다. 이는 다시 말해 습관을 바꿀 수 있는 상태가 된다는 것을 뜻합니다.

뇌 속 프로그램에서 자유로운 상태란, 뇌 속 프로그램과 공존하면서도 그것을 객관적으로 볼 수 있는 상태입니다. 이는 의식이 심장과 공존하면서도 그것을 냉정하게 관찰하는 것과 같습니다.

이와 같은 상태에서는 어떤 감정이 밀려온다 해도 그것을 객관적으로 보려고 의식하면 '감정의 움직임을 느끼며, 감정을 관찰하는 것'을 동시에 행할 수 있게 됩니다.

## 습관을 바꾸기 위한
## 생각 연습

**습관을 고치려면 컨트롤 능력을 길러라**

———

뇌 속 프로그램과 의식은 본래 각각 레벨이 다릅니다. 다시 말해 의식이 더 높은 레벨에 있습니다. 그래서 이 책에서는 의식을 왕이라 부르고, 뇌 속 프로그램이나 무의식을 부하라 표현한 것입니다. 의식이 나쁜 습관의 지배를 받게 되는 것은 알아차릴 새도 없이 무의식적으로 뇌 속 프로그램의 레벨로 옮겨가 그것에 사로잡혀버리기 때문입니다.

이처럼 의식이 뇌 속 프로그램 레벨까지 내려가 자신을 뇌 속 프로그램이라고 착각하는 것을 '동일시'라고 합니다. 동일시하고

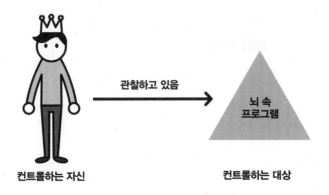

| 그림15 : 컨트롤하는 자신과 컨트롤하는 대상 |

관찰하고 있음

뇌 속
프로그램

컨트롤하는 자신                    컨트롤하는 대상

있을 때 의식은 자신이 뇌 속 프로그램이라고 착각해버립니다.

습관을 고친다는 것은 자신 안의 시스템을 컨트롤하는 것입니다. 무언가를 컨트롤하려면 컨트롤하는 대상과 그것을 컨트롤하는 자신을 구분해야만 합니다. 예를 들어 우리는 호흡하는 속도를 컨트롤할 수 있지요? 이는 폐와 그 활동(호흡), 그리고 그것을 관찰하는 의식으로 구분되어 있기 때문입니다. 그렇기에 의식이 그 관찰 대상인 폐와 그 활동을 컨트롤할 수 있는 것입니다.

### 의식 상태는 말로 나타난다

오랫동안 천식을 앓아온 사람은, "저는 천식입니다"라고 말하기도 합니다. 왜 이렇게 표현하게 되었는가 하면, 이 사람의 머릿속에는 '나=천식'이 공식화되었기 때문입니다. 이 경우 마치 태어날 때부터 천식을 가지고 있었던 것처럼 천식을 자신의 일부로 수용하게 됩니다.

물론 천식의 고통스러운 증상으로 괴로워하다 보면 이렇게 생각하는 것도 무리는 아닐 것입니다. 하지만 이것이 천식이라는 증상을 컨트롤하기 어렵게 만드는 것도 사실입니다. 이 경우 "저에게는 천식 증상이 있습니다"라는 표현으로 바꾸는 것만으로도 천식을 컨트롤(치료)하기가 수월해집니다. 자신과 관찰 대상인 천식을 분리했기 때문입니다.

"저는 청소를 못해요(나=청소를 못함)"라고 말하는 사람이 '청소를 잘 못한다'는 생각을 의식하는 것만으로도 생각은 컨트롤할 수 있는 대상이 되고, 실제로 컨트롤할 수 있게 됩니다.

생각이나 가치관뿐만 아니라 습관도 뇌 속 프로그램으로 이루어져 있습니다. 따라서 자신과 뇌 속 프로그램을 구분한다면 습관을 바꾸기가 훨씬 수월해질 것입니다.

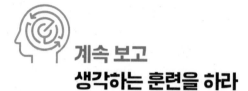

# 계속 보고
# 생각하는 훈련을 하라

### '계속 보기 훈련'과 '생각하기 훈련'

————

주체적으로 선택할 수 있는 의식을 갖기란 쉽지 않은 일입니다. 이것이 얼마나 어려운지 실감할 수 있는 간단한 방법이 두 가지 있습니다. 바로 '계속 보기 훈련'과 '생각하기 훈련'을 해보는 것입니다.

먼저 계속 보기 훈련을 하기 위해서는 어떤 것이든 상관없으니 무언가 하나를 정하고 집중해서 바라봅시다. 바라보는 것 이외에는 그 어떤 것도 하지 않고 그저 보는 것에만 집중해야 합니다. 사고를 멈추고, 보기로 정한 대상을 계속 보는 것입니다. 그 대상은 페트병, 꽃, 바깥 풍경 등 어떤 것이든 상관없습니다. 이 행동을 3분간 이어서 계속합니다.

예를 들어 페트병을 계속 보려 하는데 밖에서 들려오는 잡음에 의식이 쏠리거나, 단지 계속 바라보는 것만으로 집중이 될지 의문을 가질 수도 있습니다. 또 페트병만 보는 것에 금방 싫증을 내고 '오늘 저녁에 뭐 먹지?' 등 딴생각으로 집중력이 분산될 수도 있습니다. 그저 3분간 의식적으로 페트병을 바라보려고 해도 금세 산만해져 전혀 상관없는 것들을 떠올려버리는 경우가 많습니다.

그다음 생각하기 훈련을 하기 위해서는 어떤 것이든 상관없으니 흥미 없는 것에 대해 생각하기로 정하고 그것에 대해서만 생각을 해봅시다. 그 대상은 스테이플러, 전구, 냉장고 등 어떤 것이든 상관없습니다. 이 생각을 5분간 계속합니다. 이때 그 대상에 관한 사소한 것을 자문자답하면 좋습니다.

5분간 흥미 없는 것을 끊임없이 생각하기란 쉽지 않습니다. 예를 들어 5분간 스테이플러만 생각하기로 했다면 '어디에서 만들어진 것이지?', '어릴 때 사용하던 것과 뭐가 다를까?', '이전에 이 스테이플러의 심을 갈아 끼운 게 언제였지?' 등을 자문자답해볼 수 있습니다. 그런데 생각 도중 그와 상관없는 것으로 사고가 흘러가버리는 경우가 많습니다. '어디에서 만들어진 것이지?'와 같은 질문에 답을 하다가 '동남아시아에서 만들었을까? 태국이나 말레이

시아일지도 모르겠네? 그러고 보니 태국에 가본 적이 있었지? 아, 그때 먹었던 똠얌꿍 정말 맛있었는데……' 등 스테이플러와 전혀 상관없는 것으로 생각이 이탈해버릴 수 있습니다. 이 훈련의 목적은 어느 대상에 대해서만 5분간 생각하기임에도 실제로는 그와 상관없는 것에 대해 생각하는 경우가 많습니다.

## 의식을 향하면 강화되는 원리

———

계속 보기 훈련과 생각하기 훈련을 해보면 의식적으로 보거나 생각하는 것이 쉽지 않다는 것을 실감할 수 있습니다. 이 두 훈련은 매일 한 번씩 하는 것이 좋습니다. 그러다 보면 주체적으로 선택할 수 있는 의식을 키워나가게 됩니다.

의식적으로 살아가는 것이 어렵다고 자각하는 사람만이 의식적으로 살기 위한 노력을 합니다. 매일 이 훈련을 하는 것만으로도 그동안 얼마나 무의식적으로 살고 있었는지를 실감할 수 있기 때문에 의식적으로 살고 싶다는 마음을 더욱 강하게 가질 수 있습니다.

또 '의식을 향할수록 강화된다'고 하는 법칙이 있습니다. 예를 들어 잠자기 전 그날 경험했던 감사할 만한 일들로 의식을 향하면 건강한 마음을 키워갈 수 있습니다. 조금 무딘 사람은 느끼고 있는 것에 의식을 꾸준히 향하면 신체감각이 예민해집니다. 이처럼 무엇에 의식을 향하는지에 따라 강화되는 것이 정해집니다.

이 책에서는 주체적으로 선택할 수 있는 상태를 의식하게 되기 때문에 이것이 강화됩니다. 의식을 향할 대상을 무엇으로 정하느냐에 따라 그것을 의식적으로 키워갈 수 있게 되는 것입니다.

대부분의 사람들은 의식적으로 보려고 하는 것도, 의식적으로 생각하려고 하는 것도 의외로 어렵게 여깁니다. 사실 이것이 나쁜 습관을 멈추지 못하는 원인입니다. 이성적으로는 '하는 편이 좋긴 하지'라고 생각하면서도 그것을 할 수 없을 때 무의식적으로 떠오르는 사고, 감정, 신체의 흐름에 의식이 흘러가버리는 것입니다.

## WORK 01
### 계속 보기 훈련

❶ 어떤 것이든 상관없으니 무언가 하나를 정하고 집중해서 보기로 합니다. 그리고 그것을 보는 것 이외에는 그 어떤 것도 하지 않기로 정하고 그저 보는 것에 집중합니다.

● 사고를 멈추고, 보기로 정한 대상을 계속 봅니다.

● 보는 대상은 페트병, 꽃, 바깥 풍경 등 어떤 것이든 상관없습니다.

❷ ❶을 3분간 이어서 계속합니다.


## WORK 02
### 생각하기 훈련

❶ 어떤 것이든 상관없으니 흥미 없는 것에 대해 생각하기로 정하고, 그에 관해서만 생각합니다.

● 생각하는 것은 스테이플러, 전구, 냉장고 등 전혀 흥미가 없는, 오히려 당신에게 있어서 지루한 것을 선택합니다.

❷ ❶에 관해 5분간 계속 생각합니다.

● 계속 생각할 때 그 대상에 관한 사소한 것을 자문자답하면 좋습니다.

# 의식적으로
# 나 자신을 관찰하라

## 의식과 사고, 감정, 신체를 분리해보자

———

제 지인 중에 아침부터 밤까지 오로지 먹는 것만 생각하는 분이 있습니다. 아침에 일어나면 '아침밥은 무얼 먹을까?'라고 생각하고, 아침 식사를 마치고 나면 곧바로 '점심에는 무얼 먹을까?'라는 생각을 하고 점심을 먹기 전까지 계속 그 생각을 합니다. 거기서 끝이 아니라 점심을 다 먹고 나면 곧바로 '저녁밥은 무얼 먹을까?'를 생각합니다. 이렇게 하면 하루 종일 먹는 것만 생각하게 되겠지요?

물론 이분은 먹는 것을 좋아하지만, 이와 같은 안 좋은 사고 습관은 고치고 싶어 합니다. 종일 먹을 것만 생각하다 보니 중요한 것을 생각할 시간이 줄어들기 때문입니다. 이것은 마치 왕이 말에 끌려가는 상태라고 볼 수 있습니다.

의식을 왕이라고 확실하게 의식하면 사고, 감정, 신체를 관찰하는 데 도움이 됩니다. 예를 들어 감정을 관찰하는 것은 의식이 느끼는 감정을 관찰 대상으로 삼는 것을 말합니다. 이는 의식과 뇌 속 프로그램을 분리하는 것과 기본적으로 같습니다.(60쪽 [그림15] 참조)

앞에서 뇌 속 프로그램과 의식이 동일시되면 "저는 천식입니다"와 같이 사용하는 말에도 나타난다고 했지요? 마찬가지로 우리는 화가 날 때 '화나는 감정이 있다'는 것을 냉정하게 바라보지 않습니다. "나는 화가 났다(나=화)"라고 표현하는 것처럼 의식과 감정을 뒤섞어버립니다.

감정을 관찰하는 것은 의식과 감정을 분리하는 데 도움이 됩니다. 이처럼 의식과 감정의 분리가 가능한 것은 의식과 감정이 각각 독립된 것이기 때문입니다.

물($H_2O$)은 수소($H$)와 산소($O$)라는 각각의 원소가 합해진 것이기 때문에 현대의 과학자가 고도의 기술을 가지고 있다면 분해할 수 있겠지요? 하지만 이와 같은 것을 태곳적 사람들은 알지 못했습니다.

아주 오래전 사람들은 물의 이해라고 하는 관점에서는 무지(무의식적)했지요. 한편 현대의 과학자는 물에 관해 이해(의식적)하고 있기 때문에 분리한다고 하는 선택이 가능합니다.

흔히 사고, 감정, 신체가 마치 물처럼 하나로 합쳐진 것이 의식이라고 생각합니다. 이와 같은 상태에서는 아주 오래전 사람들이 물을 분해하려는 발상 자체를 할 수 없었던 것처럼 의식과 사고, 감정, 신체를 분해할 생각을 할 수 없겠지요. 물이 수소와 산소가 합쳐져 생겨난 것임을 알면 이를 각각 분해할 수 있는 것처럼 의식과 사고, 감정, 신체가 하나의 것이 아니라는 것을 알게 되는 순간 분해할 수 있게 되겠지요?

### 신체, 감정, 사고를 객관적으로 관찰하는 방법

일반적으로 방이 더우면 '덥다고 느낀다'라고 생각하지요. 이 경우 대부분 주어가 '나'이겠지요. 무의식적으로 '나는 덥다고 느낀다'라고 여기는 것입니다. 여기서 의식을 신체와 동일시하는 것을 멈추고 주어를 바꿔봅시다. '덥다고 느낀다'의 주어를 신체로 바꾸는 것입니다. 결국 내가 덥다고 느끼고 있는 것이 아니라 신체가 덥다고 느끼는 것입니다.

어릴 적 배가 아플 때 엄마가 "엄마 손은 약손"이라고 말하며 쓰다듬어주신 기억이 있지요? 그러면 거짓말처럼 배가 안 아파지곤

했습니다. 그런데 이는 착각한 것이 아닙니다. 아픔을 나의 의식과 별개인 것처럼 관찰하다 보니 아픔이 경감된 것입니다.

감정도 의식과 동일시하지 않는 연습을 한번 해봅시다. 감정은 특히 의식과 동일시하기 쉬운데, 신체와 마찬가지로 주어를 '나'가 아닌 '감정'으로 바꾸면 냉정하게 관찰할 수 있습니다. 마음이 괴로울 때 부정적인 감정으로 전이되기 쉽지만 감정과 의식을 동일시하지 않는 것만으로도 괴로움은 다소 줄어들게 됩니다.

사고 또한 마찬가지입니다. 사고는 머릿속의 생각이나 상념인데, 이것이 없는 상태는 절대 있을 수 없겠지요. 사고에 관해서는 스스로 생각할 것을 정한다고 여기는 분들이 많을 것입니다. 하지만 어떤 것을 의식해서 생각하는 것 같아도 찬찬히 살펴보면 그 생각을 왜 하게 되었는지도 모르고 그냥 떠오르는 경우가 훨씬 많습니다.

예를 들어 아침에 일어나면 머릿속은 잠시 멍한 상태가 됩니다. 그 순간에는 멍하니 있기 때문에 무언가에 대해 사고하려는 생각을 하지 않지요. 하지만 어느새 신경 쓰고 있는 쪽으로 의식이 맘대로 향해 갑니다. 기말고사 시험 기간 중이라면 어제 공부하다 만 시험 과목이 신경 쓰여 어찌할 줄 모르는 것처럼, 대부분의 사고는 무의식적으로 다양한 생각이 떠오르다 사라지고, 또다시 떠오른 후 사라지기를 반복합니다.

**WORK 03**
## 의식적으로 신체 반응 관찰하기

❶ 덥다, 시원하다 등 지금 느끼고 있는 신체 반응에 의식을 향합니다.

❷ '이 신체 반응은 내가 아니다'라고 여깁니다.

❸ '나는~(신체 반응)을 느끼고 있다'가 아니라 '신체는 ~을 느끼고 있다'라고, 주어를 '나'가 아닌 '신체'로 합니다.

❹ 의식이 '~을 느끼고 있는 신체'를 관찰합니다. 의식과 신체를 동일시하지 않으며, 의식적으로 신체에 나타나는 감각을 관찰합니다.

부정적인 것을 생각하고 있을 때에는 긍정적인 것으로 바꿔 생각하기가 쉽지 않습니다. 부정적인 생각이 들 때에는 우선 중립 상태를 유지하도록 노력해보세요. 이는 곧 좋고 나쁨을 가르지 않고 그저 관찰하는 것을 말합니다.

사고를 관찰하듯 머릿속에 맴도는 생각을 애써 멈추려 하지 말고 그저 바라보는 것만으로도 의식이 부정적인 사고와 동일시되는 것은 막을 수 있습니다. 부정적인 사고를 관찰하다 보면 어느새 마음이 차분해집니다. 어느 정도 냉정을 되찾고 나면 긍정적인 것을 의식적으로 생각해봅시다. 그러면 부정적이었던 생각이 자연스럽게 긍정적으로 바뀌어갈 것입니다. 이처럼 중립 상태에서 의식적으로 긍정적으로 생각하는 것은 왕이 사고를 도구(채찍)로 사용한 것과 같습니다.

## WORK 04
### 의식적으로 감정 관찰하기

❶ 씁쓸했던 경험을 떠올려 감
정적 반응이 올라오기를 기다립
니다.
● 익숙해질 때까지 무거운 감정
은 피해주세요.

①
예전에 친구 앞에서
좋아하는 사람에게
차였었지.

슬픈 감정이
되살아나네.

❷ "이 감정은 내가 아니야"라
고 말해봅니다.

②
감정은 내가 아니야!

이 감정은
내가 아니야.

❸ '나는 ～(감정)을 느끼고 있
다'가 아닌 '감정은 ～을 느끼고
있다'로 주어를 '나'가 아닌 '감
정'으로 합니다.

③
감정은 슬프다고
느끼고 있다.

❹ 의식이 '～을 느끼고 있는 감
정'을 관찰합니다. 의식과 감정
을 동일시하지 않으며, 의식적
으로 솟아오르는 감정을 관찰합
니다.

④

## WORK 05
## 의식적으로 사고 관찰하기

❶ 끊임없이 생겨나는 사고의 흐름에 의식을 향합니다.

❷ "이 사고는 내가 아니야"라고 말합니다.

❸ '나는 ～을 생각하고 있는 것'이 아니라 '사고의 흐름은 ～로 되고 있다'처럼 주어를 '나'가 아닌 '사고의 흐름'으로 합니다.

❹ 의식이 '～이 되어 있는 사고의 흐름'을 관찰합니다. 의식과 사고를 동일시하지 않으며, 의식적으로 생겨나는 사고를 관찰합니다.

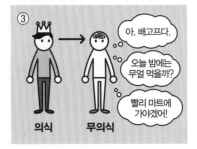

# 나쁜 습관에서 벗어나기 위한
# 4단계 기술

## 사고, 감정, 신체를 의식과 동일시하지 않는 방법

———

사고, 감정, 신체는 뇌 속 프로그램이 활발히 작동하지 않을 때 오히려 쉽게 관찰할 수 있습니다. 지나치게 감정적인 상태에서는 이런 것들을 객관적으로 관찰하는 것이 불가능하겠지요. 그런 경우에는 감정과 의식을 분리하기가 어렵습니다.

예를 들어 개 공포증을 갖고 있는 사람이 길을 가다 개와 정면으로 맞닥뜨렸다면 냉정하게 자신의 감정을 관찰하는 것이 힘들 수 있습니다. 이런 상황에서는 강렬한 감정과 신체 반응이 부정적인 생각을 만들어내고, 우리를 좁은 세계로 가둬버립니다.

뿌리 깊은 원한을 해결해야 하는 상황 등 아무리 노력해도 감정적으로 되어버리는 경우 의식과 동일시되지 않기 위해서는 특별한 방법이 필요합니다. 보다 효과적으로 의식과 동일시하지 않는 방법은 크게 4단계로 나누어볼 수 있습니다.

1단계에서는 의자에 앉아 굉장히 불쾌했던 경험을 구체적으로 떠올려봅니다. 1~2분 정도, 실제 불쾌한 기분이 될 때까지 계속 생각합니다.

2단계에서는 심호흡을 천천히 3회 하고 불쾌한 기분을 느끼고 있는 자신에게서 벗어나 사고, 감정, 신체를 의자에 남겨두고 일어섭니다. 마치 유체 이탈을 하듯 몸에서 빠져나온다고 가정하고 의자에 앉아 있는 자신의 신체에서 가능한 멀리 떨어져 뒤에서 바라볼 수 있는 위치에 섭니다. 이때 의자에는 불쾌한 기분을 느끼는 자신이 앉아 있다고 생각해주세요. 2단계에서는 불쾌한 감정을 느끼고 있던 자신에게서 벗어나 사고, 감정, 신체를 의자에 남겨둔 이미지를 떠올리는 것만으로도 충분합니다.

3단계에서는 '나'를 주어로 하지 말고 신체, 감정, 사고를 주어로 생각하고 하나하나 순서대로 관찰을 합니다.

끝으로 4단계에서는 신체, 감정, 사고 반응에 휘둘리지 않고 자신을 바라봅니다. 신체, 감정, 사고를 마치 남의 일인 것처럼 관찰합니다. 이렇게 할 때 비로소 주체적으로 선택할 수 있는 의식 상태가 됩니다.

보통은 신체와 감정, 사고가 서로 밀접하게 관련된 채 뇌 속 프로그램을 형성하지만 이처럼 하나하나 분해해서 관찰하다 보면 신체, 감정, 사고의 연결이 느슨해져 좋지 않았던 경험을 컨트롤하기가 쉬워집니다.

물론 의자에 앉아 있는 자신은 이미지에 불과합니다. 현실에서는 의자 위에 무엇도 보이지 않지만, 의자에 남겨진 채 좋지 않은 경험을 하고 있는 자신이 실제로 그곳에 있다고 상상하며 관찰합니다. 이때 포인트는 눈을 뜨고 명확히 의식하면서 의자에 앉아 좋지 않은 경험을 하고 있는 자신을 타인처럼, 담담하게 남의 일인 것처럼 관찰하는 것입니다.

여기서 좋지 않은 경험을 하고 있는 자신은 무의식적으로 흘러가고 있는 의식 상태입니다. 좋지 않은 경험을 하고 있는 자신을 의자에 남겨두고, 나와는 상관없는 타인의 일처럼 관찰하는 자신이야말로 주체적으로 선택할 수 있는 의식 상태입니다. 이 작업을 적절히 활용하면 감정적인 반응이 옅어져 중립적인 상태가 됩니다.

주체적으로 선택할 수 있는 의식의 특징은 시야가 넓고 사고, 감정, 신체 반응에 휘둘리지 않는다는 것입니다. 다시 말해 사고, 감정, 신체 반응에 따르는 것이 아니라 의식이 정한 것을 실행하기 쉬운 상태를 의미합니다. 이 상태를 유지할 수 있게 되면 나쁜 습관을 고치고 원하는 습관을 몸에 익히기 쉬워집니다.

## 의식의 방향을 돌려 나쁜 습관에서 벗어나는 법

———

주체적으로 선택할 수 있는 의식 상태가 되면 사고, 감정, 신체 반응으로부터 분리되어 중립 상태가 되는 것은 의식에서 사고, 감정, 신체로 보내졌던 에너지 공급이 끊어지기 때문입니다.

예를 들어 앞날에 대한 걱정에 계속 그 생각만 하다 보면 불안감은 더욱 커져갑니다. 이처럼 의식이 어떤 쪽으로 향하느냐에 따라 의식에서 흘러나오는 에너지를 어디로 공급할지가 정해지는 것입니다. 바꿔 말하면 어떤 것에 관심이 있어 의식이 향해 있더라도 의식이 방향을 돌려 더 이상 향하지 않으면 그 줄기는 시들어 말라버린다는 것입니다. 이 법칙은 나쁜 습관을 고치는 데 도움이 됩니다.

게임을 하거나 술을 마시거나 하는 일은 즐겁지요. 하지만 이런 것을 멈추지 못하면 중독성이 있는 나쁜 습관이 되어버립니다. 노력을 통해 그것들을 향한 의식을 멈추게 해야만 나쁜 습관에 빠지지 않을 수 있습니다.

제 지인 중에는 한동안 게임에 푹 빠져 지내던 분이 있습니다.

그러던 어느 날 유럽으로 장기출장을 갔다가 오페라를 보고 매료되고 말았습니다. 그 이후 여러 차례 오페라를 보러 가다 보니 게임에 대한 관심이 없어졌습니다. 이처럼 관심의 대상을 바꿈으로써 나쁜 습관에서 빠져나올 수도 있습니다.

유쾌하지 않은 사고, 감정, 신체 반응에 사로잡혀 있어도 의식과 동일시되지 않는다면 부정적인 사고, 감정, 신체 반응에 영향을 받지 않게 됩니다. 유쾌하지 않은 사고, 감정, 신체 반응을 활성화시키는 에너지의 공급이 멈추기 때문입니다.

## WORK 06
## 무의식적으로 흘러가는 자신
## 주체적으로 선택할 수 있는 자신으로 바꾸기

❶ 의자에 앉아 굉장히 불쾌했던 체험을 구체적으로 떠올려보세요. 1~2분 정도, 실제 불쾌한 기분이 될 때까지 계속합니다.

❷ 심호흡을 천천히 3회 하고, 그림을 참고해 불쾌한 기분을 느끼고 있는 자신(사고, 감정, 신체)을 의자에 남겨두고 일어섭니다. 자신의 몸에서 가능한 멀리 떨어져 뒤에서 의자에 앉아 있는 자신을 바라볼 수 있는 위치에 섭니다.

❸ 이번에는 사고, 감정, 신체를 곁에서 지켜봅니다. 의자 뒤에 서서 의자에 앉아 불쾌한 체험을 하고 있는 인물을 봅니다. 사고, 감정, 신체를 하나하나 순서대로, 마치 남의 일인 것처럼 관찰합니다.

사고는 → ··· 싫다고 생각한다.

감정은 → ··· 괴롭다고 느낀다.

신체는 → ··· 무겁다는 느낌이다.

❹ 사고, 감정, 신체 반응에 휘둘리지 않고 바라봅니다. 이처럼 바라보고 있는 자신은 주체적으로 선택할 수 있는 의식 상태입니다.

● 사고, 감정, 신체를 나와는 상관없는 것처럼, 어디까지나 겉으로 보이는 정보만 묘사합니다.

**포인트**

- 눈을 뜬다.
- 주체적으로 선택할 수 있는 의식 상태를 확실히 유지하면서 의자에 앉아 있는 사람을 관찰한다.
- 남의 일인 듯 관찰한다.

THINKING

## 3장

# 무의식적인 습관
# 의식적으로 바꾸기

HABITS

# 습관을 바꿀 수 있는
# 의식 확립하기

## 인간은 자신이 생각하는 대로 된다

2장에서는 주체적으로 선택할 수 있는 의식과 무의식적으로 흘러가는 의식의 차이를 알아보았지요. 3장에서는 주체적으로 선택할 수 있는 의식 상태에서 습관을 고쳐나갈 토대를 마련하는 방법에 대해 설명하려고 합니다. 그것은 바로 의식의 방향을 바꾸는 것입니다.

무의식적으로 흘러가는 의식이든, 주체적으로 선택할 수 있는 의식이든 의식을 향하는 대상은 강화되게 마련입니다. 만약 의식이 뇌 속 프로그램에 이끌려 부정적인 방향으로 향했다고 하더라

## 그림 16 : 의식을 향하는 대상은 강화된다

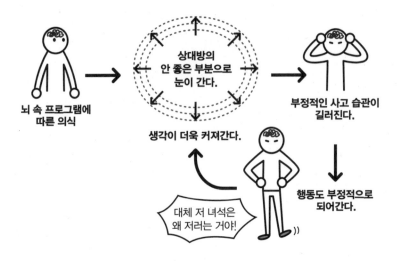

도 그것은 의식이 부정적인 것으로 향한 것입니다.

무의식적으로 흘러가는 의식에서 반복적으로 부정적인 생각을 하면 좋지 않은 사고 습관이 만들어지게 됩니다. 자기계발서에서 하나같이 강조하는 말이 있습니다.

'인간은 자신이 생각하는 대로 된다.'

'인간은 자신을 이미지화하는 대로 된다.'

이 두 가지는 같은 말입니다. 여기서 '생각'과 '이미지'는 같은 것이기 때문입니다. 생각이란 사고를 말합니다. 또 이미지란 머릿속에 그리는 상념을 말하는데, 머릿속의 상념 또한 사고를 의미합니다.

예를 들어 '난 구제불능이야'라고 반복적으로 생각하면 점점 자신의 이미지가 구제불능으로 뿌리 깊게 정착해갑니다. 그와 반대로 자신의 긍정적인 면을 반복적으로 생각하면 자신의 이미지가 긍정적인 쪽으로 커져갑니다.

결국 자신이 어떻게 될지는 머릿속의 생각과 이미지의 영향을 받는 것입니다. 이 또한 의식을 향하는 대상은 강화된다는 것과 같은 의미라는 것을 알 수 있겠지요.

## 무엇보다 어려운 것은 새로운 한 걸음을 내딛는 것

인간은 의식을 어느 쪽으로 향하는가에 따라 자신을 바꿔나갈 수 있습니다. 이는 긍정적인 사고 습관을 가지면 자동적으로 긍정적인 사람이 된다는 것을 의미합니다.

예를 들어 다른 사람의 결점만 보는 사람은 누구를 만나도 마음이 편치 않고, 타인과 커뮤니케이션도 잘되지 않을 것입니다. 이런 사람이 '타인의 좋은 면을 보는 습관'을 몸에 익히려면 어떻게 해야 할까요?

타인의 좋은 면을 보는 새로운 습관을 몸에 익히려면 당분간은 지금까지의 나쁜 습관과 싸우지 않을 수 없겠지요. 타인의 결점만 보는 나쁜 습관이 의식을 자꾸 타인의 결점 쪽으로 향하게 만들기 때문입니다.

의식을 다른 방향으로 전환하는 것은 생각보다 쉽지 않습니다. 컨디션이 좋고 건강한 때에는 가능할지 모르지만, 피곤에 지쳐 있을 때에는 나쁜 습관에 휩쓸릴 수 있습니다.

타인의 좋은 면을 보는 습관을 몸에 익히려면 우선 나쁜 습관의 영향에서 벗어날 필요가 있습니다. 주체적으로 선택할 수 있는 의식으로 전환한 다음 타인의 좋은 면을 보는 행동을 취해야 합니다. 물론 단 한 번의 행동으로 새로운 습관을 몸에 익히기는 어렵습니다. 습관화하기 위해서는 무엇보다 반복적인 행동이 필요합니다. 그러다 보면 나쁜 습관으로의 에너지 공급이 멈추고 새로운 습관으로 에너지 공급이 시작됩니다.

매일 트레이닝을 해야 근육이 유지되는 것처럼 타인의 결점만 보는 나쁜 습관 또한 의식을 계속 향했기에 생긴 것입니다. 타인의 좋은 면을 보려는 반대의 행동을 취하다 보면 타인의 결점만 보는 안 좋은 습관의 시스템도 서서히 사라져갑니다. 이는 친구들과 술을 마시느라 운동을 게을리하다 보면 근육이 약해져가는 것과 마찬가지입니다.

타인의 좋은 면 쪽으로 의식을 향하면 조금씩 새로운 습관의 시스템이 만들어져갑니다. 단, 아직은 자동적으로 작동할 만큼 뇌 속 프로그램이 강하지는 않습니다. 따라서 새로운 습관의 시스템을 만들기 위해서는 의식적으로 타인의 좋은 면을 보기 위해 노력해

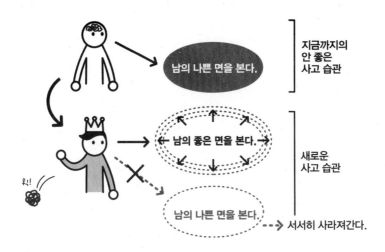

**| 그림 17 : 나쁜 사고 습관을 고치는 과정 |**

지금까지의
안 좋은
사고 습관

남의 나쁜 면을 본다.

남의 좋은 면을 본다.

새로운
사고 습관

남의 나쁜 면을 본다.

서서히 사라져간다.

야 합니다. 의식적으로 타인의 좋은 면을 보려고 하면 그 순간에는 타인의 결점이 보이지 않습니다. 인간은 정반대의 것을 동시에 할 수 없기 때문입니다. 결국 나쁜 쪽으로 향했던 관심을 잊게 되면 나쁜 습관은 사라져갑니다. 그러므로 나쁜 습관을 멈추게 하려면 그 대신 의식적으로 긍정적인 습관을 만드는 것이 좋습니다.

앞에서 오페라에 흥미를 갖게 되면서 게임중독에서 빠져나온 제 지인의 이야기를 소개했었지요. 나쁜 습관보다 더 소중히 여겨야 할 것을 찾아서 그것에 의식을 집중하다 보면 습관도 바뀌게 되는 것입니다.

습관을 바꾸는 것보다 더 어려운 것은 새로운 한 걸음을 내딛는 것입니다. 술이나 담배를 끊으려면 그동안 굳어진 습관과 싸울 수밖에 없습니다. 나쁜 습관의 요새로부터 빠져나오지 않으면 달라질 수 없습니다.

여기까지 읽고 습관을 바꾸기 전에 우선 습관을 바꿀 수 있는 의식을 확립시켜야만 한다는 것을 이해하셨으리라 생각합니다. 이 과정은 재미없게 느껴질지도 모릅니다. 그런다고 변화할 수 있을 거라는 생각도 들지 않을지 모르고요. 하지만 스포츠나 악기 연주도 기초 트레이닝이 토대가 되어야만 능숙해지는 것처럼 습관을 바꾸기 위해서도 간단한 연습을 반복하는 과정이 필요합니다.

# 의식적으로 사고를
# 전환하는 기술

## 무엇을 생각할지 의식적으로 선택하기

의식을 향하는 것의 출발점은 사고 내용을 의식적으로 선택하는 것입니다. 지금까지 무엇을 생각할 것인지 대부분 무의식적으로 떠올랐다면, 이제는 그런 것들을 의식적으로 선택해야 합니다.

사고 내용을 의식적으로 선택하는 것을 도식화하면 '의식→사고'입니다. 그럼 무의식적으로 떠오른 경우는 '사고→의식'이겠지요?

때때로 미래에 대한 불안 등 그다지 생각하고 싶지 않은 것들이

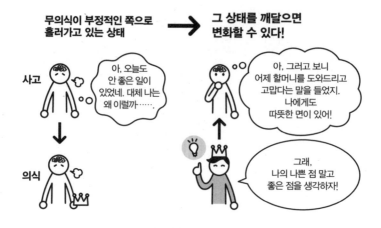

| 그림 18 : 의식과 사고의 관계 |

머릿속에 자꾸 떠오르곤 합니다. 이는 우리가 의식적으로 선택한 것이 아니라 무의식적으로 떠오른 것이기 때문에 '사고→의식' 순입니다. 한편 의식이 흘러가는 대로 부정적인 것을 생각하다가 의식적으로 긍정적인 방향으로 생각을 바꾸는 때도 있지요? 예를 들어 스마트폰 게임에 대한 생각으로 머릿속이 꽉 차 있을 때 '아니야, 이건 좋지 않아'라고 의식하며 게임이 아닌 어떻게 하면 앞으로 성공할 수 있을지에 대한 계획으로 생각을 전환하는 식입니다. 이 경우 '사고→의식'을 '의식→사고'로 바꾼 것입니다. 이것은 무의식적으로 흘러가는 의식에서 주체적으로 선택할 수 있는 의식으로의 전환을 간단하게 표현한 것입니다.

사고는 감정을 움직이고, 감정은 신체 반응과 연동됩니다. 우리가 생각하는 내용이 '의식→사고→감정→신체'로 이어가는 것입니다. 따라서 '사고→의식'인지, '의식→사고'인지의 차이는 사고뿐 아니라 감정, 신체까지 모든 영역에 걸쳐 영향을 끼칩니다.

## 사고 전환을 마음대로 하는 것도 능력

의식의 역할 중 하나는 '방향성을 결정하는 것'입니다. 그리고 방향성을 결정하는 것은 곧 사고 내용을 선택하는 것입니다. 예를 들어 시험 공부를 해야 하는데 좋아하는 이성에 대한 생각이 머릿속에서 떠나지 않는다면? 만약 내일 당장 시험을 봐야 한다면 계속 상념에만 빠져 있을 수는 없으니 시험 공부 쪽으로 의식을 바꾸겠지요. 이처럼 머릿속에 떠오르는 것을 다른 것으로 전환하는 상황은 우리가 자주 접하게 되는 일입니다. 이것은 기분 전환을 하는 것과 같다고 할 수 있습니다.

가령 어떤 야구선수가 절호의 기회에 삼진을 당해버렸다고 가정해봅니다. 이와 같은 상황에서도 이미 지나간 실수에 대해 계속 생각하는 선수와 금방 잊어버리는 선수가 있습니다. 두 선수의 머릿속은 어떻게 다를까요? 실수에 사로잡혀 있는 선수는 머릿속이 삼진당한 때의 장면이나 '아, 그때 왜 스윙을 안 했을까?' 등 후회의 말들로 소용돌이치고 있겠지요. 이는 머릿속이 능력을 제한하

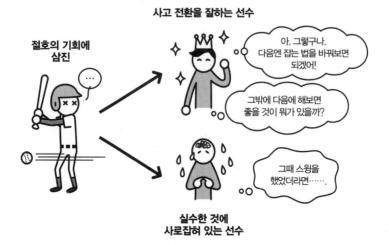

**| 그림 19 : 사고를 전환할 수 있는 경우 vs 전환할 수 없는 경우 |**

사고 전환을 잘하는 선수

절호의 기회에
삼진

아, 그렇구나.
다음엔 잡는 법을 바꿔보면
되겠어!

그밖에 다음에 해보면
좋을 것이 뭐가 있을까?

그때 스윙을
했었더라면…….

실수한 것에
사로잡혀 있는 선수

는 사고 내용으로 가득 차 있는 것입니다. 한편 그 상황에서 벗어나 사고를 전환한 선수의 머릿속은 미래에 대한 긍정적인 생각으로 가득 차 있다고 추측할 수 있습니다.

스포츠에서는 물론, 공부에서도 능력은 있는데 그것을 잘 발휘하지 못해 실패하는 사람이 의외로 많습니다. 그들이 능력을 발휘하지 못하는 가장 큰 이유는 머릿속이 부정적인 사고 내용으로 채워져 있기 때문입니다. 사고 내용을 전환할 줄 알아야 무엇을 해도 성공률이 훨씬 올라가게 됩니다.

스포츠 시합이나 중요한 시험에서 "기분 전환을 해보세요" 등의 충고를 들어본 적이 있을 것입니다. 하지만 이는 너무 막연해서 무엇을 어떻게 하면 좋을지 모를 수 있습니다. 그렇다면 머릿속의 이미지를 다른 것으로 바꿔버리면 어떨까요? 해야 할 일이 구체적이라면 사고의 전환이 가능할 것입니다. 또한 머릿속에 떠오르는 장면도 또 다른 사고 내용입니다. 다음 내용에서 설명하겠지만 머릿속의 이미지를 바꾸면 보다 쉽게 사고 내용을 전환할 수 있습니다.

## 사고 전환
## 연습하기 ❶

### 사고 전환을 하는 첫걸음

    실연을 당해 우울해하고 있을 때에는 어두운 상념이 머릿속에 가득합니다. 그런 때에는 자신을 책망하거나 상대를 원망하는 것처럼 부정적인 사고가 끊임없이 자동적으로 떠오르게 되지요. 이러한 것들은 우리가 자발적으로 생각하는 것이 아니라 무의식이 생각하게끔 시키는 것입니다. 여기서 알 수 있는 것은, 머릿속의 생각은 사고 내용에 따라 자동운전을 한다는 것입니다. 생각의 흐름을 정리하면 다음과 같습니다.

    '실연'이라는 주제에 따라 사고 기능이 자동운전을 시작하면 분노나 슬픔이 그에 동반되며 증폭하게 됩니다. 또 분노나 슬픔이 증폭되면 식욕이 없어지거나 자세가 나빠지고, 얼굴색도 안 좋아지는 등 신체에도 좋지 않은 영향을 미치겠지요.

분노나 슬픔은 사고 내용에 따라 자동적으로 떠오르고, 분노나 슬픔의 감정에 호응해 자동적으로 식욕도 없어지게 됩니다. 이는 다음과 같은 구도로 표현할 수 있습니다.

**사고 내용 선택 → 사고의 자동운전 → 감정의 자동 운전 → 신체의 자동운전**

사고 내용의 전환에 따라 사고, 감정, 신체 전체가 바뀌는 흐름을 표현하면 다음과 같습니다.

**사고 내용 전환 → 사고의 전환 → 감정의 전환 → 신체 반응의 전환**

사고 전환을 하는 첫걸음으로 머릿속 이미지를 바꾸는 것이 효과적입니다. 이미지는 인간에게 큰 영향을 주기 때문입니다. 스마트폰 게임 대신 어떻게 하면 앞으로 성공할 수 있을지를 생각할 경우 머릿속 이미지를 '스마트폰 게임 영상'에서 '미래에 성공해 있는 자신의 모습'으로 바꾸면 되는 것입니다.

## 사고 내용을 의식적으로 선택하는 연습

아침에 일어나 그날 하루의 계획을 짜려고 하는데 전날 실패했던 것 등 전혀 다른 것이 무의식적으로 떠오를 수 있습니다. 그리고 사고 내용이 바뀌었다는 것을 깨달을 때마다 원래 생각하려 했던 것, 이 경우 하루의 계획으로 돌아가게 됩니다.

의식적인 사고 내용 선택 → 사고의 자동운전 → 무의식적인 사고 내용 선택 → 사고의 자동운전

이렇게 방심하는 사이 무의식에 따라 사고 내용이 바뀌어버리는 것은 무의식의 사고 습관과 관계가 있습니다. 무의식은 여러 사고를 연상시키는 경향이 있기 때문입니다.

앞에서 스테이플러에 대해 생각하다가 어느새 태국으로 여행갔던 일을 떠올리게 되었던 예를 소개했지요. '스테이플러는 어디에서 만들어진 것이지?'라고 자문하고 있는 사이, '이 스테이플러는 동남아시아에서 만들어졌을까?', '태국이었나?', '태국 여행은 재미있었지', '방콕의 태국 요리 참 맛있었지' 등처럼 여러 사고가 연상되어 흘러갑니다.

연상이란 어떤 이미지가 있으면 그와 관련된 이미지가 계속해

| 그림 20 : 의식의 역할 |

무의식이 연상을 한다.

서 떠오르는 것을 말합니다. 무의식에 맡겨두면 점점 연상 작용이 일어납니다. 따라서 의식은 '방향성을 결정하는 것'에 더해 '무의식을 감시하는 것'이 필요합니다.

무의식를 감시하는 것이란 무의식이 쓸데없는 연상을 하고 있지 않은지 수시로 확인하는 것입니다. 물론 내가 생각하려는 주제의 범위 내에서 무의식이 다양한 과거의 기억을 연상시켜주는 것은 도움이 됩니다. 다시 말해 연상 작용 자체를 해서는 안 되는 것이 아니라 연상하고 있는 것이 도움이 되는지, 그렇지 않은지를 의식이 판단해야 하는 것입니다.

습관뿐 아니라 무언가를 바꾸려면 무의식이 해온 것을 의식적으로 실행해야 합니다. 단, 의식이 주도권을 잡고 새로운 습관을 만들려면 이제까지 무의식이 어떤 식으로 습관을 만들어왔는지 그 진행 과정을 알아야만 합니다. 평소 우리는 너무나도 무의식적으로 살아가고 있기 때문에 이 과정을 알지 못합니다. 그래서 이제까지 반복해온 무의식적인 습관이 당신의 왕국을 어떤 식으로 만들고 운영해왔는지 그 과정을 살펴봐야 하는 것입니다.

## 사고 전환에 따른 변화

———

사고 내용을 선택하는 연습을 간단히 해보겠습니다.

먼저 나도 모르게 자꾸 빠져들어 시간을 낭비해버리는 공상을 몇 가지 적어봅니다. 가령 장래에 대한 불안, 과거의 어느 사건에 대한 후회, 게임 등 당신의 머리를 점유해버린 사고 내용이 있겠지요? 적어도 세 가지는 생각해보세요. 여기서는 아직 이것들의 사고 내용에 집중하지 말고 어떤 것이 있는지 알아보기만 합니다.

그다음 시간을 효율적으로 잘 사용할 만한 것을 적어봅니다. 가령 '어떻게 해야 꿈을 실현할 수 있을까?', '어떻게 하면 취미 실력이 향상될 수 있을까?' 등을 생각할 수 있습니다. 이때 의의가 있는 것뿐만 아니라 어느 정도는 즐겁고 긍정적인 것을 선택해주세요. 그렇지 않으면 새로운 사고 내용에 집중할 수가 없기 때문입니다.

예를 들어 자신 없는 과목의 공부를 선택한다면 시간을 유용하게 사용할 수 있겠지요. 하지만 원래 공부를 엄청 싫어하는 사람이 이 생각에 집중하기는 어려울 것입니다. 그래서 꼭 의의가 있는 것뿐 아니라 어느 정도는 즐겁게 생각되는 것을 찾아보는 것이 좋습니다. 이 역시 세 가지를 생각해보고, 사고 내용에 집중하지 않고 어떤 것이 있는지만 알아봅니다.

이번에는 처음에 생각한 사고 내용 중 하나를 골라 집중합니다. 감정이 충분히 되살아날 때까지 1~3분 정도 생각에 빠져듭니다. 괴로운 감정, 즐거운 감정 어느 쪽이든 상관없이 백주몽(깨어 있는 상태에서 꿈꾸는 듯한 느낌을 받는 것) 혹은 악몽을 꾸는 상태를 재현합니다. 이때 우선 비교적 가벼운 주제를 선택하도록 합니다. 강한 감정을 환기시키려 하면 때에 따라 사고가 전환되지 않는 경우가 있기 때문입니다.

당신은 왕이고, 당신이 정한 방향으로 부하들이 나아간다고 생각해보세요. 그리고 시간을 효율적으로 잘 사용할 만한 것으로 사고 내용의 전환을 실행합니다. 이런 식으로 사고 내용이 바뀌어감에 따라 사고가 전환되고, 감정 그리고 신체 반응이 바뀌는 것을 관찰하면 됩니다.

## WORK 07
### 의식적으로 사고 전환을 하는 연습

❶ 나도 모르게 자꾸 빠져들어 시간을 낭비하게 되는 공상을 몇 가지 적어봅니다.


❷ 의식을 향하면 시간을 효율적으로 잘 사용했다고 여겨질 만한 것을 목록으로 작성해봅니다.
● 의의가 있는 것뿐만 아니라 어느 정도는 즐겁고 긍정적이라고 생각할 수 있는 것을 선택해주세요.


❸ ❶에서 생각한 사고 내용을 하나 골라 집중합니다. 1~3분 정도, 감정이 충분히 나올 때까지 몰두합니다.
● 괴로운 감정, 즐거운 감정 등 어느 것이어도 상관없으니 어쨌든 감정에 빠져 백주몽 혹은 악몽을 꾸고 있는 상태를 재현합니다.
● 우선 비교적 가벼운 주제를 선택합니다.


❹ 당신은 왕이고, 당신이 정한 방향으로 부하들이 나아간다고 생각해주세요. 그리고 사고 내용의 전환을 시도합니다. ❷에서 생각한 것 중 몇 개를 의식적으로 바꿉니다. 사고 내용이 바뀌어감에 따라 사고가 바뀌고, 감정과 신체 반응이 바뀌는 것을 관찰합니다.

## 사고 전환
## 연습하기 ❷

### 사고 내용에도 레벨이 있다

예를 들어 머릿속 사고 내용을 '게임'에서 '좋아하는 음식'으로 전환했다면 어느 쪽도 오락에 관한 것이지요? 따라서 이는 같은 레벨 사이에서의 사고 이동이 됩니다. 물론 다른 레벨의 사고로도 전환이 가능합니다. '게임'에서 '성장하고 싶은 분야의 활동'으로 사고 내용을 바꿀 수도 있는 것입니다. 성장하고 싶은 분야는 디자인 기술이나 스포츠 등 사람마다 다르겠지요.

다음 페이지의 [그림21]을 보면 사고 내용의 레벨이 바뀜에 따라 사고, 감정, 신체의 에너지가 바뀌어가는 것을 알 수 있습니다.

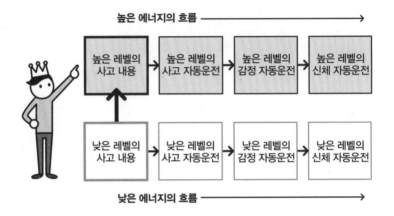

| 그림 21 : 사고 내용의 레벨과 에너지의 차이 |

높은 에너지의 흐름 ⟶

| 높은 레벨의 사고 내용 | 높은 레벨의 사고 자동운전 | 높은 레벨의 감정 자동운전 | 높은 레벨의 신체 자동운전 |

| 낮은 레벨의 사고 내용 | 낮은 레벨의 사고 자동운전 | 낮은 레벨의 감정 자동운전 | 낮은 레벨의 신체 자동운전 |

낮은 에너지의 흐름 ⟶

성적인 것을 상상하면 감정은 흥분 상태가 되겠지요. 그에 따라 신체의 반응도 연동됩니다. 그 뒤 사고 내용을 꿈이나 목표의 실현으로 바꾸면 전혀 다른 질의 감정과 신체 반응이 나타나게 됩니다.

분노, 질투 같은 부정적인 생각이나 감정이 있을 때와 긍정적인 생각이나 감정이 있을 때는 신체에 나타나는 감각이 다르지 않을까요? 음울하고 까칠한 느낌이 들 때에는 시야 또한 좁아집니다. 최악의 경우 주변의 것들을 파괴하고 싶다는 충동에 사로잡히기도 합니다. 한편 쾌활하고 시원시원한 느낌이 들 때에는 시야가 넓어져 여유도 있고, 어떤 일이든 받아들일 수 있습니다. 어느 에너지로 살아가느냐에 따라 머릿속에 떠오르는 상념의 질이 결정

됩니다.

부정적인 에너지로 살아갈 때에는 부정적인 상념만 떠오르지만, 긍정적인 에너지로 살아갈 때에는 긍정적인 아이디어나 창의적인 해결책이 떠오르기 마련입니다.

스트레스를 느끼는 등 거친 에너지로 살아갈 때에는 이상하게 몸에 좋지 않은 것이 먹고 싶어집니다. 정크푸드가 먹고 싶어지는 것도 비관적일 때나 스트레스를 느낄 때입니다. 술을 마시거나 담배를 피우고 싶어지는 것도 거친 에너지가 몸을 감싸고 있을 때입니다. 반대로 좋은 에너지로 살아갈 때에는 과식도 하지 않고, 신선한 채소 등 몸에 좋은 것을 찾는 경향이 있습니다. 자연계에는 파장이 같은 것을 서로 끌어당기는 법칙이 있습니다. 대자연의 일원인 인간도 같은 것을 찾아가는 경향이 있는 것입니다.

## 사고 내용의 레벨을 의식적으로 바꾸는 연습

우리 몸을 감싸고 있는 에너지의 질에 따라 머릿속 생각까지 영향을 받습니다. 사고 내용의 레벨을 바꾸는 것이 우리 몸의 에너지를 바꾸는 스위치 역할을 한다면 엄청나게 중요한 것임을 알겠지요.

이제부터 사고 내용의 레벨을 의식적으로 바꾸는 연습을 해보겠습니다. 실행 방법은 앞에서 연습한 [WORK 07]과 같습니다. 단, 여기서는 레벨을 변화시키는 것에 따른 에너지의 질적 변화를 살펴보도록 하겠습니다.

먼저 나도 모르게 자꾸 빠져들어 시간을 낭비해버리는 공상을 다시 한 번 확인합니다. 그러고 나서 시간을 효율적으로 잘 사용할 만한 것을 세 가지 작성합니다. 의의 있는 것만이 아닌 해보고 싶은 것이면서 레벨이 바뀔 만한 사고 내용을 의식적으로 선택합니다. 여기서는 생각에 집중하지 않고 어떠한 것이 있는지 알아보는 것만으로도 충분합니다.

그다음 처음 생각한 사고 내용 중 하나를 골라 감정이 충분히 생길 때까지 1~3분 정도 집중합니다. 괴로운 감정, 즐거운 감정 어느 쪽이든 상관없이 백주몽 혹은 악몽을 꾸는 상태를 재현합니다. 이 트레이닝을 시작할 때에는 우선 가벼운 주제를 선택하는 것이 좋습니다.

끝으로 나는 왕이며, 내가 결정한 방향으로 부하들이 나아간다고 생각합니다. 그리고 사고 내용의 레벨 전환을 시도합니다. 시간을 효율적으로 잘 사용할 만한 것 중 몇 개를 의식적으로 선택합니다. 사고 내용의 레벨이 바뀜에 따라 사고, 감정, 신체 반응의 레벨이 바뀌는 것을 관찰합니다. 에너지가 바뀐다고 해도 어렵게 생각할 필요는 없습니다. 사고 내용이 바뀜에 따라 '무거웠던 몸이 가벼워졌다', '몸이 따뜻해졌다', '상쾌한 기분이 들었다' 등 에너지의 변화도 신체적으로 느낄 수 있기 때문입니다. 또 에너지의 질이 올라간 경우에는 '기분이 좋아졌다', '몸이 편안해졌다' 등의 변화를 느낄 수 있습니다.

음울한 기분을 느끼고 괴로워할 때 긍정적인 상념을 선택하는 것만으로도 평정을 되찾게 됩니다. 한편 음울한 기분을 느끼고 있을 때 음울한 기분을 끌어내는 생각에 의식을 끊임없이 향하게 되면 음울한 기분이 점점 증폭해갑니다.

이처럼 의식을 향하면 그것은 강화되어가지만, 그 대상에 주목하는 것을 멈추면 그곳에 더 이상 에너지가 공급되지 않기 때문에 그것은 고갈되어갑니다. 만일 오래도록 음울한 기분이 이어진다면 의식이 그곳을 향하고 있기 때문입니다. 이처럼 무엇에 주목하느냐에 따라 무엇을 증폭시킬지, 무엇을 고갈시킬지가 결정됩니다. 이 장의 시작 부분에서도 썼듯, 정말 인간은 자신이 생각하는 대로 되는 것입니다.

## WORK 08

### 의식적으로 사고 내용의 레벨을 바꾸는 연습

❶ 나도 모르게 자꾸 빠져들어 시간을 낭비하게 되는 공상을 다시 한 번 확인합니다.

❷ 의식을 향하면 시간을 효율적으로 잘 사용할 만한 것을 목록으로 작성합니다. 여기서는 레벨이 바뀔 만한 사고 내용을 의식적으로 선택합니다.

❸ ❶에서 생각한 사고 내용 중 하나를 골라 집중하고 1~3분 정도, 감정이 충분히 생길 때까지 몰두합니다.
● 괴로운 감정, 즐거운 감정 등 어느 감정이든 상관없으니 감정에 빠져 백주몽 혹은 악몽을 꾸고 있는 상태를 재현합니다.

❹ 당신은 왕이며, 당신이 결정한 방향으로 부하들이 나아간다고 생각해주세요. 그리고 사고 내용의 레벨 전환을 시도합니다. ❷에서 생각하고 있던 것 중 몇 개를 의식적으로 선택합니다. 사고 내용의 레벨이 바뀌어감에 따라 사고, 감정, 신체 반응의 레벨이 바뀌는 것을 관찰합니다.
● 에너지의 질이 어떻게 바뀌는지에 의식을 향합니다.

# 잘못된 습관화를
# 막는 비법

## 잘못된 습관화의 폐해 예방하기

여기까지 읽었다면 의식을 강화할수록 대상이 활성화되고, 그렇지 않으면 고갈되어간다는 것에 대한 이해가 깊어졌을 것입니다. 술이나 담배를 끊기 위해서는 기본적으로 아예 손을 대지 않는 것도 같은 이유입니다. 물론 이처럼 중독성이 있는 것을 끊으려면 특별한 방법이 필요합니다. 착취하려는 강력한 시스템이 존재하기 때문입니다.

이 원리는 뇌 속 프로그램이나 습관뿐 아니라 사고, 감정, 신체 등 훨씬 더 큰 시스템에도 적용됩니다. 신체 기능은 사용하지 않으면 퇴화하고, 사용하면 할수록 강해진다는 것은 설명할 필요도 없겠지요. 이처럼 감정도, 사고도 사용하지 않으면 퇴화해갑니다. 여기서 이 주제에 관해 다시 거론하는 것은 잘못된 습관화에 의한 폐해를 예방하기 위해서입니다.

가끔 로봇 같은 사람도 있기는 하겠지요. 예를 들어 어릴 적 큰 슬픔을 느껴 괴로웠던 나머지 감정은 나쁜 것이라 여기게 된 경우 감정을 억누르며 살아가기도 합니다. 감정에 의해 심하게 괴로워져 '감정=위험'이라는 공식화가 성립되어버린 것입니다. 이와 같은 이유로 감정을 묻어두고 사고만으로 살아온 사람은 감정이 둔화되어갑니다.

사고도, 감정도, 신체도 사용하지 않으면 퇴화되어갑니다. 로봇과 같은 이성적 인간이나 생각하는 것 자체가 싫은 감정적 인간도 한쪽으로 치우쳐 있기는 마찬가지입니다. 생각이든, 감정이든 게을리하면 그 기능이 둔화되어가기 때문입니다.

지나치게 이성적인 인간은 감정이라는 공감 능력이 둔화되어 타인의 감정을 이해하기가 어렵습니다. 한편 지나치게 감정에 치우친 사람은 자신의 감정을 냉정하게 컨트롤하지 못해 고통을 심하게 느끼게 됩니다. 이처럼 사고, 감정이 어느 한쪽으로만 치우치면 제대로 커뮤니케이션을 하지 못해 괴로워하게 됩니다. 이러한 고민을 해결하는 방법은 무척 간단합니다. 의식을 향하는 것이 강화된다는 이론을 응용하면 됩니다.

감정이 둔감해진 사람도 자신이 어떤 기분인지 반복해서 신경 쓰다 보면 예민해지게 됩니다. 평소 생각을 깊이 있게 하지 않는 사람은 조금 어려운 책을 읽음으로써 사고를 강화하는 것이 좋습니다. 사고나 감정을 의식적으로 사용하다 보면 각각의 기능이 강화되어갑니다. 근육을 사용하면 강해지고, 사용하지 않으면 퇴화하는 것과 같은 원리입니다.

새로운 습관을 몸에 익힘으로써 자신을 바꾸어나간다는 것은 의식이 사고를 사용해 감정과 신체를 컨트롤하는 것입니다. 우리는 좋은 의미에서든, 나쁜 의미에서든 감정에 의해 움직이는 경우가 많기 때문에 대부분의 경우 '컨트롤한다'는 것은 '사고로 감정을 통제하는 것'을 의미합니다. 하지만 이것이 지나치면 감정을 억압해버릴 위험이 있습니다.

가장 안정화된 상태는 사고와 감정의 균형이 맞는 때입니다. 사고와 감정은 어느 한쪽이 강해지면 대립하지만, 균형이 맞을 때에는 조화롭게 협력해갑니다. 사고와 감정의 균형은 '우뇌와 좌뇌의 균형', '남성성과 여성성의 균형' 등과 같습니다. 이제부터 한쪽으로 치우친 습관화의 폐해를 막기 위한 방법에 대해 설명해보겠습니다.

## 사고, 감정, 신체는 표현하고자 한다

———

뇌 속 프로그램뿐만 사고, 감정, 신체도 왕의 소중한 부하들이라고 했었지요. 신체에서 '덥다'는 신호를 보내면 감정은 '에어컨을 틀고 싶다'고 느낄지도 모릅니다. 하지만 당신은 '몸에 좋지 않다'는 이유로 에어컨 틀지 않을지도 모릅니다. 이 경우 신체와 감정은 각자 다른 의식을 가지고 있습니다. 꼭 다중인격이 아니어도 누구든 다양한 의식이 있는 것입니다. 그리고 당신의 부하들은 각각 성장을 원하고 있습니다. 감정도, 사고도 성장을 바라고 있으며, 신체도 마찬가지로 성장하고자 하는 것입니다. 그들의 성장은 그들 나름의 자기표현에 의해 이루어집니다.

| 그림 22 : 강압적으로 억누를 때 반란을 일으키는 심리 |

만약 왕이 부하들이 소중히 여기는 습관을 무리하게 바꿔버리면 부하들이 반란을 일으켜 원래대로 돌아가버립니다. 다이어트의 요요현상이 여기에 해당한다고 할 수 있습니다.

가령 부모들은 아이가 잘못을 저질렀어도 '아이에게 화를 내서는 안 돼'라고 생각하며 가능한 차분하게 타이릅니다. 이것은 자신의 분노 표현을 억압한 것이 되겠지요. 이 경우 감정은 표현할 기회를 잃게 됩니다. 그런데 이 같은 상황이 여러 번 이어지면 더 이상 이성적으로 억압하지 못하고 분노를 표출하게 됩니다. 스트레스가 쌓여 있을 때 작은 일에도 분노해본 경험이 다들 한 번쯤 있을 것입니다.

분노를 억누를 수 없는 것은 부하들이 반란을 일으키고 있기 때문입니다. 이 경우 부하들의 강력한 힘에 의해 왕이 끌려가고 있는 것입니다. 흔히 습관은 하나씩, 그리고 작은 것부터 바꾸라고 말합니다. 갑자기 다 바꿔버리면 균형이 무너져 다시 원래대로 돌아가버리기 때문입니다.

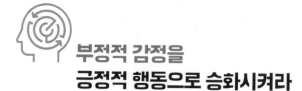

# 부정적 감정을
# 긍정적 행동으로 승화시켜라

## 어떤 식으로든 표현하는 것이 좋다

---

부하들이 무리 없이 새로운 습관을 만드는 비결에 대해 좀 더 자세히 살펴봅시다. 우리는 자신을 억압하며 스트레스를 억누를 때 누군가에게 화를 내거나 타인을 상대로 분풀이를 할 때가 있습니다. 가끔 다른 사람에게 분풀이를 하고 나면 속이 시원해지기도 하지요? 하지만 그런 후 이내 반성을 하게 되는 것은 왜일까요?

반성을 하고 나면 '맞서고 싶었던 것이 아니라 자신을 억제할 수 없어서 그렇게 되었다'는 것을 체험합니다. 이는 부하들의 반란,

즉 무의식에 휩쓸려버린 것입니다. 특히 아무 죄 없는 사람에게 맞섰다면 평소 당신이 쌓아온 평판을 떨어뜨리기 쉽습니다. 이것은 왕에게 있어서는 안 좋은 상황이지만 부하들에게는 중요한 체험이 됩니다. 감정은 화를 냄으로써 확실히 자기표현을 하게 되는 것이기 때문입니다. 여기서 중요한 것 하나를 말씀드리겠습니다.

부하들에게 있어서 성장을 위한 표현은 긍정과 부정, 어느 쪽도 같은 효과가 있다는 것입니다. 기분 내키는 대로 행동하면 주변 사람들이 상처를 받기도 하지만, 반대로 당신이 기쁠 때에는 주변에 좋은 영향을 끼치기도 합니다. 당신이 어렸을 적 깔깔대며 즐거워하는 모습을 보는 것만으로도 아버지, 어머니는 흐뭇한 표정을 지으셨을 것입니다.

기분 내키는 대로 행동하는 것은 당신의 평판을 떨어뜨리는 부정적인 감정 표현입니다. 그에 반해 기쁠 때 주변에 좋은 영향을 끼치는 것은 당신의 호감도를 높여줄 긍정적인 감정 표현이지요. 이 두 감정의 질은 크게 다르지만, 감정이 성장한다고 하는 관점에서는 같은 것입니다.

실제로 우리는 어릴 적부터 좋은 감정, 나쁜 감정을 따지지 않고 표현하며 감정을 키워왔습니다. 그러므로 부정적인 감정을 표현하는 것도 부하들의 입장에서 보면 성장인 것입니다.

사고도, 감정도, 그리고 신체도 모두 소중한 부하들이기 때문에 왕인 당신은 각자에게 표현할 기회를 주고 잘 자라게 할 책임이 있습니다. 단, 당신에게 있어서도 유익한 표현을 하는 것이 중요하겠지요.

## 부정적인 에너지를 긍정적인 에너지로 바꿔라

———

느닷없는 질문일지 모르겠지만, 혹시 자기 자신에 대한 부정적인 생각이 긍정적인 행동으로 이어진 적 없나요? 저의 경우를 예로 들면 저는 고교 시절 동아리 활동도, 공부도, 그렇다고 연애도 잘 못해 스스로를 한심하게 생각했습니다. 열여섯 살부터 열여덟 살까지, 말하자면 굉장히 중요한 시기를 허무하게 보내버렸다며 후회를 참 많이 했습니다. 당시 저는 '이런 나 자신이 너무 싫다'는 부정적인 감정을 느꼈습니다.

저 자신에게 정말이지 정나미가 떨어졌을 무렵, '나를 바꿔보자'고 강하게 마음먹었습니다. 우선 저의 이미지를 바꾸고 싶어서 들어가기 어려운 대학의 입학을 목표로 했습니다. 자신에 대한 불만의 감정을 동기부여로 바꾸게 된 것입니다. 그때부터 맹렬히 공부했습니다. 1년 재수를 하기는 했지만 그 기간 동안은 매일 열두 시간씩 공부를 했습니다. 본격적으로 수험 공부를 시작하고 약 1년 반 만에 1.5였던 시력이 0.05로 떨어질 정도였으니까요. 처음 지망

한 대학에는 들어가지 못했지만 목표를 향해 도전할 수 있게 되었습니다. 그 후 제 인생을 되돌아보았을 때 이는 저에게 굉장히 중요한 체험이 되었습니다. 아니, 그보다 이 체험이 없었다면 그 후의 나는 어떻게 되었을지 생각하기도 싫을 정도입니다.

당시 저는 어떤 것에도 자신감이 없는 소극적인 사람이었습니다. 지금이야 두 개의 회사를 경영할 만큼 주체적으로 저의 인생을 살아가고 있지만, 이는 대학에 합격해 인생을 바꿔보기로 결심한 덕분이었다고 해도 과언이 아닙니다. 이처럼 저는 대학 입시에서 살아남기 위해 치열하게 노력했지만 그 밑바탕에는 자신에 대한 불만, 즉 자신에 대한 분노의 감정이 있었던 것입니다.

'자기 부정', '분노'라고 하면 굉장히 부정적인 이미지가 떠오르지요. 물론 이와 같은 부정적인 감정에 떠밀려 자포자기해버리는 사람도 있겠지요. 그런 경우 부정적인 감정에 의해 본인이 피해를 받게 되는 것입니다. 하지만 부정적인 감정이라도 얼마든지 긍정적인 행동의 원동력으로 바꿀 수 있습니다. 그것이 바로 '승화'입니다. 앞에서 소개한 오페라에 몰두하면서 게임 의존증을 극복하게 된 사례처럼 '놀고 싶다'는 욕구를 승화시키는 것이 가능합니다.

우리는 누구나 유아에서 어린이로, 어린이에서 청년으로, 청년에서 어른으로 위치가 바뀔 때마다 욕구를 승화시켜왔습니다.

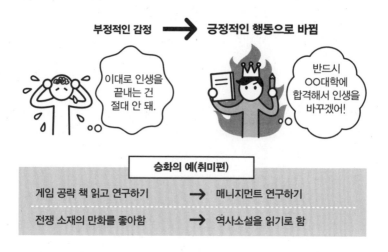

| 그림 23 : 승화의 원리 |

부정적인 감정 ➡ 긍정적인 행동으로 바뀜

이대로 인생을 끝내는 건 절대 안 돼.

반드시 ○○대학에 합격해서 인생을 바꾸겠어!

**승화의 예(취미편)**

| 게임 공략 책 읽고 연구하기 | ➡ | 매니지먼트 연구하기 |
| 전쟁 소재의 만화를 좋아함 | ➡ | 역사소설을 읽기로 함 |

유아 시절에는 인형이나 장난감을 가지고 놀지만, 어린이가 되면 놀이동산에서 놀지요. 청년이 되면 애인과 데이트를 하고, 어른이 되면 일을 하며 자기실현을 하는 것이 보람일지 모릅니다. 단지 이런 것들은 스스로 승화시킨 것이 아니라 부하들이 변화하는 환경에 맞추기 위해 승화시킨 것입니다. 그렇기에 무의식적으로 인형이나 장난감을 향한 정열이 사라진 것입니다.

결국 우리에게는 이미 승화의 성공 경험이 많다고 할 수 있습니다. 그러므로 어느 누구든 자신의 욕구를 승화시킬 능력이 있는 것입니다. 저는 지금도 저의 부족한 부분에 대해 때때로 분노를 느낄 때가 있습니다. 하지만 그 기분에 휩쓸리지 않고, '그런 일이 있었으니 더 좋은 사람이 되어야지'라고 다시 마음을 먹습니다. 그러면 바르고 성실하게 살아가기 위한 힘이 더욱 솟아나는 것을 느낍니다.

승화란 부정적인 상념은 그대로 두고 긍정적인 돌파구를 찾는 것입니다. 불량소년이 분노를 복싱으로 풀어 세계챔피언이 되는 것과 같은 것입니다. 승화의 구체적인 방법에 대해서는 5장에서 소개하겠습니다.

THINKING

**4장**

뇌 속 프로그램을 바꾸면
습관도 바뀐다

HABITS

**'뇌 속 프로그램'이란
과연 무얼까?**

## 뇌 속 프로그램의 정체는 '과거의 기억'

이 장에서는 뇌 속 프로그램을 바꾸는 기본적인 방법에 대해 배워보겠습니다. 이 내용은 5장에 나오는 습관화 방법을 실천하는 데 도움이 될 것입니다.

습관도 뇌 속 프로그램의 일부이지만 역할이 다릅니다. 그래서 이 장에서는 뇌 속 프로그램 자체의 특징을 이해하기 쉽도록 일단 습관이라는 단어의 사용을 줄이도록 하겠습니다. 뇌 속 프로그램과 습관이라는 단어는 뉘앙스가 미묘하게 다르기 때문입니다.

뇌 속 프로그램은 무의식이 자동적으로 운영되는 것이기 때문에 무의식과 같은 레벨에서는 바꿀 수 없습니다. 무리 없이 뇌 속 프로그램을 바꾸려면 무의식보다 한 단계 더 높은 레벨에서 노력할 필요가 있습니다.

가령 공부하기를 극단적으로 싫어하는 것도 뇌 속 프로그램이 만들어낸 증상입니다. 이 상태에서 공부를 하려고 아무리 노력해도 실제로 공부에 집중하기는 쉽지 않습니다. 뇌 속 프로그램은 사고, 감정, 신체가 연계되어 발동하는 것이라고 설명했지요? 공부가 하기 싫은 경우 '공부는 어려워'라는 상념이 있고, 그에 반응해 공부에 대한 혐오감, 지루하고 졸린 신체적 반응이 생기지요. 따라서 뇌 속 프로그램을 바꾸려면 '공부가 싫어'라는 상념에서 벗어나 사고, 감정, 신체의 부정적인 영향을 회피하며 실행할 필요가 있습니다. 그것은 '의식→사고'의 상태, 즉 주체적으로 선택할 수 있는 의식 상태에서 실행하는 것입니다.

뇌 속 프로그램을 한마디로 표현하면 '기억'입니다. 개에 물린 후 개 공포증을 앓는 사람은 개만 보면 몸이 경직되어버립니다. 하지만 개에 물린 기억이 없다면 이렇게까지 반응하지는 않겠지요. 만약 개에 물린 지 10년이 지났어도 개가 여전히 무섭다고 느껴진다면 개에 물렸을 때의 기억이 지금도 반응을 일으키고 있는 것입니다. 그것을 나타낸 것이 [그림24]입니다. 과거의 기억을 전제로 개를 본다는 것은 기억이라는 필터를 통해 개를 보는 것입니다.

| 그림 24 : 우리는 기억이라는 필터를 통해 사물을 본다 |

## 대표기억이 인상을 결정한다

굴을 좋아해서 서른 살까지 맛있게 잘 먹던 사람이 서른한 살에 굴을 먹고 식중독에 걸렸다고 가정해보겠습니다. 이 경우 이 사람의 뇌에는 굴을 맛있게 먹었던 기억이 무수히 많을 것입니다. 인간의 뇌는 컴퓨터의 하드디스크와 같이 경험한 것을 전부 보관하고 있습니다. 특수한 방법이 아니면 떠올릴 수 없는 것, 예를 들면 엄마 배 속에 있을 무렵의 기억과 같은 것조차도 뇌는 보관하고 있는 것입니다.

그럼 단 한 번의 식중독으로 굴을 먹을 수 없게 되었다면, 이제 껏 맛있게 먹었던 수많은 기억보다도 식중독을 일으킨 단 한 번의 기억이 영향력을 가지고 있다는 것을 의미합니다. 여기서 알 수 있는 것은, 기억에는 두 종류가 있다는 것입니다. 바로 '영향력 없는 무수한 기억'과 '영향력 있는 단 하나의 기억'입니다.

이 책에서는 영향력 없는 무수한 기억을 '천(1,000)의 기억', 영향력 있는 단 하나의 기억을 '대표기억'이라고 부르겠습니다. 덧붙여서 말하면 천의 기억에서 천이라는 숫자에 어떤 의미가 있는 것은 아닙니다. 이는 '방대한 수'를 나타내는 것이라 생각하시면 됩니다. 그에 반해 대표기억은 무수한 기억을 대표하는 단 하나의 기억입니다. 그리고 그 '대표'란 공식화와 관계가 있습니다.

그럼 서른한 살에 식중독을 일으킨 다음부터 굴만 봐도 토할 것 같다면 굴을 부정적으로 보게 된 것입니다. 여기서 알 수 있는 것은, 무수히 많은 기억 중 필터에 걸러져 선택된 기억은 단 하나라는 것입니다. 그리고 이 단 하나의 기억이 사건의 가치를 대표하는 것입니다.

사건의 가치를 대표한다면 'X=Y'로 공식화된 것이라고 할 수 있습니다. 여기서는 '굴=맛없음'입니다. 이처럼 대표기억은 공식화와 관계가 있습니다. 이 사람에게는 굴을 먹었던 많은 경험이 있고, 다양한 곳에서 다양한 맛의 굴을 먹었음에도 '굴=맛없음'으로 공식화되어버린 것입니다. 그리고 이 공식이 만들어지면 그 이후에는 항상 이 공식대로 반응하게 됩니다. 이러한 대표기억을 다

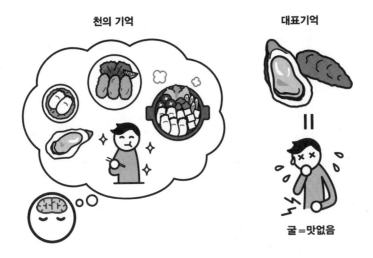

**| 그림 25 : 천의 기억과 대표기억 |**

천의 기억

대표기억

굴 = 맛없음

른 말로 표현하면 '인상'이라고 할 수 있습니다.

예를 들어 우리는 누군가를 보고 '인상이 좋다', '인상이 나쁘다'라고 표현하기도 하지요? 이 책을 한창 집필할 무렵, 한 유명 배우 A씨가 다른 연예인과 불륜관계라는 사실이 밝혀져 화제가 되었습니다. A씨는 많은 광고에 출연할 정도로 호감도가 상당히 높았는데, 불륜 스캔들 이후 한순간에 이미지가 나빠졌습니다.

이제까지 인상이 좋았다는 것은 A씨에 관한 천의 기억 중 좋은 기억이 대표기억으로 선택되었다는 것이 됩니다. 하지만 불륜을 혐오하는 사람들이 이 스캔들을 알게 되었다면 A씨에 관한 대표기억은 바뀔 것입니다. 많은 사람들이 불륜 스캔들에 큰 충격을 받은 만큼 대표기억 또한 완전히 바뀌게 됩니다.

여러 번 말씀드렸지만, 뇌 속 프로그램은 '강도'와 '반복'에 의해 형성됩니다. '대표기억=뇌 속 프로그램'이기 때문에 강렬한 체험을 하게 되면 다시 바뀌게 됩니다. 불륜 스캔들의 경우 A씨의 대표기억이 '불륜을 저지른 배우'라는 좋지 않은 이미지로 바뀌어버렸습니다. 이처럼 정반대의 인상을 갖게 된 사람이 A씨를 보면 혐오감을 갖게 됩니다.

옹호하려는 것은 아니지만 A씨에게는 자상한 면, 듬직한 면, 매사에 밝은 면, 무엇보다 성실한 면 등 좋은 점이 있습니다. 이 모두가 A씨의 이미지임에도 불구하고 대표기억이 한번 나쁜 이미지로 바뀌어버리면 'A씨=부도덕' 등으로 한결같이 공식적인 반응을 하게 됩니다. 이것이 인상이 바뀌게 된다는 것입니다. 바꿔 말하면 이는 대표기억이 바뀜으로써 일어난 변화입니다.

# 뇌 속 프로그램 뜯어고치기

## 기억에 남는 건 대표기억뿐

앞에서 뇌 속 프로그램은 '기억'을 뜻한다고 말씀드렸지요. 하지만 천의 기억이 아니라 단 하나의 대표기억이 뇌 속 프로그램이 되는 것이었습니다. 이것으로 뇌 속 프로그램의 정체가 조금은 확인된 듯합니다. 그런데 대표기억이라는 말도 추상적이라 아직 정확히 알기가 어렵지요. 대표기억을 제대로 알기 위해서는 대표기억이라는 말을 손바닥 들여다보듯 훤히 이해해야 합니다.

무언가를 바꾸려면 그것이 손에 잡힐 만큼 구체적일 필요가 있습니다. 예를 들어 '심장이 아프다'는 증상만으로는 무엇을 어떻게

| 그림 26 : 천의 기억이 공식화되어 대표기억이 된다 |

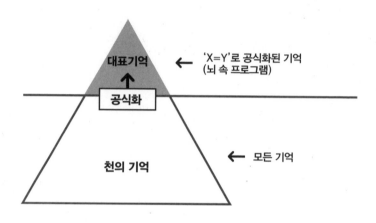

해야 좋을지 알 수 없습니다. 심장 전체가 어떤 상태이며, 어느 부분이 어떤 증상을 일으키고 있는지 알아야 비로소 고칠 방법을 찾을 수 있습니다. 그래서 여기서는 당신 안에 있는 대표기억을 실제로 보고, 듣고, 느껴보도록 하겠습니다.

대표기억을 확실히 이해할 간단한 실험을 해봅시다.

"후지산을 10초 정도 떠올려보시겠어요?"

이 질문에 아마도 쉽게 후지산을 떠올렸을 것입니다. 단, 사람마다 떠올린 후지산의 이미지가 미묘하게 다를 것입니다. 당연한 이야기지만, 당신이 떠올린 것은 후지산에 관한 당신의 기억이겠지요? 그리고 사람마다 후지산에 대한 기억이 조금씩 다르기 때문에 떠올린 후지산에 관한 이미지도 다르다는 것을 알 수 있습니다.

예를 들어 야마나시현에 살고 있는 사람과 시즈오카현에 살고 있는 사람이라면 후지산의 경치나 그에 관한 모습을 다르게 기억할 것입니다. 후지산은 유명하기 때문에 사진으로 본 적이 있다는 분들도 많겠지요.

저는 동경과 오사카 구간을 한 달에 3~4회는 신칸센으로 왕복하기 때문에 지금까지 후지산을 약 2,000회 이상은 보았습니다. 또한 휴가로 시즈오카나 야마나시에 간 적이 있어서 후지산에 대한 더 다양한 기억이 저에게는 있습니다. 그런데 "후지산을 떠올려보시겠어요?"라고 하면 대부분 하나의 이미지를 떠올립니다.

많은 분들이 "후지산을 떠올려보시겠어요?"라는 질문을 듣고 후지산에 의식을 향했을 때 반사적으로 하나의 이미지를 떠올릴 것입니다. 이때 다양한 후지산의 모습 가운데 하나를 의식적으로 정한 것이 아니라 생각할 틈도 없이 반사적으로 후지산의 모습이 떠오를 것입니다. 생각할 틈도 없이 반사적으로 떠올랐다는 것은 곧 무의식적이라고 말할 수 있습니다. 이처럼 우리가 무언가를 떠올리려 할 때 반사적으로 생각나는 기억이 있습니다. 이 기억이 '대표기억'이라고 할 수 있습니다.

잠시 후지산을 떠올려보았는데요, 이는 머릿속에 있는 기억입니다. 대부분의 사람들은 그 기억에 영상이 동반될 것입니다. 예를 들어 신칸센 안에서 본 후지산을 떠올린 경우에는 신칸센이 레일

위를 달리는 소리도 함께 떠올랐을지 모릅니다. 그리고 그것을 바라보던 때의 감격이 몸에 느껴진 사람도 있을 것입니다.

여기서 알 수 있는 사실은, 기억은 머릿속에 있는 '오감 정보'라는 것입니다. 그리고 대표기억도 기억이기 때문에 머릿속에 있는 오감 정보로 구성된 것입니다. 대표기억은 오감 정보로 만들어져 있기 때문에 보고, 듣고, 느낄 수 있을 정도로 구체적인 것이 가능합니다.

## 좋고 나쁨의 차이를 만드는 대표기억

앞에서 대표기억은 곧 인상과 같다고 했습니다. 어느 배우가 불륜 스캔들을 계기로 좋았던 인상이 순식간에 안 좋아졌던 예를 소개했지요. 배우의 인상이 안 좋아졌다고 하는 것은 그 배우를 볼 때의 반응이 바뀌는 것입니다.

예를 들어 당신이 좋아하는 사람을 볼 때에는 흐뭇한 행복감이 느껴질지 모릅니다. 한편 인상이 나쁜 사람을 볼 때에는 몸에서 혐오감을 느끼게 됩니다. 즉, 인상이 좋고 나쁨은 몸이 느끼는 반응으로 알 수 있습니다.

그렇다면 좋고 나쁨의 차이를 일으키는 인상, 즉 대표기억의 차이는 무엇일까요? 대표기억은 오감 정보에 의해 만들어지기 때문

| 그림 27 : 좋은 인상과 나쁜 인상 |

좋은 인상           나쁜 인상

에 '좋은 인상=좋은 오감 정보', '나쁜 인상=나쁜 오감 정보'가 됩니다.

좋은 인상이 '밝고 화려한 색상'이라면 나쁜 인상은 '어둡고 흑과 백의 무채색' 등으로 표현할 수 있습니다. 나쁜 인상에는 나쁜 인상을 부여하는 색이나 소리가 동반되는 경우가 많습니다. 그리고 색과 소리는 인상에 큰 영향을 줍니다.

## 대표기억을 다시 만드는 방법

뇌 속 프로그램은 필터이고, '뇌 속 프로그램=대표기억'이기 때문에 우리는 대표기억의 필터를 씌우고 바깥 세계를 보고 있는 것

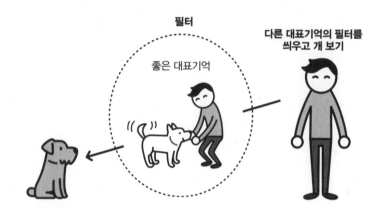

| 그림 28 : 대표기억 다시 만들기=생각의 필터 교체 |

필터

좋은 대표기억

다른 대표기억의 필터를
씌우고 개 보기

입니다. 예를 들어 개에 물린 후 개 공포증이 생긴 사람은 개에 물
렸을 때의 기억이 필터가 되어 개를 보게 되는 것입니다. 이를 구
체적으로 나타낸 것이 125쪽의 [그림24]입니다. 이것은 개는 무섭
다는 선입견을 갖고 개를 보게 되는 상태입니다.

그럼 대표기억을 다시 만든다는 것은 무엇을 말할까요? 쉽게 설
명하면 [그림28]처럼 별도의 대표기억 필터를 씌워서 개를 보게
하는 것입니다. 실제 이것이 가능해지면 인상, 즉 대표기억이 확
바뀝니다.

단, 그렇게 하기 위해서는 다음의 두 가지 방법을 이해할 필요가
있습니다.

- 대표기억을 알아내는 방법

- 대표기억을 조절하는 방법


대표기억을 알아내는 방법은 후지산을 떠올려본 것과 같이 간단합니다. 우리는 어떤 것이든 그것을 대표하는 이미지를 머릿속에 가지고 있습니다. 좋아하는 배우, 개 등의 동물 혹은 공부나 일 등 추상적인 개념에 대해서도 마찬가지입니다. 이것들에 의식을 향할 때 머릿속에 떠오르는 상징하는 이미지가 대표기억입니다.

후지산을 떠올리는 것이 간단했던 것처럼 대표기억을 알아내는 것도, 그 대표기억을 조절하는 것도 간단합니다. 다음과 같은 실험을 해보도록 하겠습니다.

"조금 전 떠올려보았던 후지산을 분홍색으로 바꿔보세요."

어떻습니까? 아마도 쉽게 바꿀 수 있을 것입니다. 물론 부정적인 뇌 속 프로그램을 다시 바꾸려면 몇 가지 절차를 밟아야 하지만, 기본적으로 대표기억은 머릿속 이미지에 불과하기 때문에 쉽게 바꿀 수 있습니다.

대표기억을 조절하는 방법에 대해 알아보기 전에 다음 내용에서 무의식과 기억의 특징에 대해 조금 더 살펴보도록 하겠습니다.

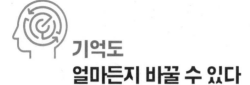

# 기억도
# 얼마든지 바꿀 수 있다

## 우리가 무의식에 휩쓸려버리는 이유

오감 정보에는 '실물을 직접 보고 들을 때의 정보'도 있습니다. 바로 눈앞에 개가 있다면 눈, 귀, 코, 피부 등의 기관을 사용해 개를 인식하겠지요. 그에 반해 대표기억은 머릿속에 있는 오감 정보입니다. 머릿속의 오감 정보는 영화를 보는 체험과 거의 같습니다.

우리가 영화를 볼 때에는 스크린에 비친 영상을 보지요. 눈앞에는 실물이 있는 것이 아니라 펄럭이는 스크린에 비치는 영상이 보이는 것뿐입니다. 실제로는 영화관 뒤쪽의 영사기에서 쏘는 광선

## | 그림 29 : 기억은 이미지의 영향을 받는다 |

**영화 보기**
**=머릿속의 이미지를**
**보고 듣고 있음(실물 아님)**

**기억 떠올리기**
**=머릿속에서 이미지를**
**보고 있음(실물 아님)**

이 스크린에 반사되어 영상이 됩니다.

영화는 사실 환영입니다. 하지만 우리는 영화를 보고 감동을 받고, 때론 살을 에는 듯한 고통을 느끼기도 합니다. 게다가 우리의 의식은 이것이 허구라는 것을 이미 알고 있습니다. 그럼에도 불구하고 실제처럼 반응해버리는 것입니다.

그럼 우리가 떠올리는 기억은 어떨까요? 이 역시 머릿속에서 영상을 보고 있을 뿐 실물이 있을 리 없다는 것을 알겠지요? 영화와 마찬가지로 머릿속에 있는 것은 실물이 아닌 이미지에 불과합니다. 하지만 역시 영화와 마찬가지로 반응하게 되지요? 개에 대한 공포증이 있는 사람이 머릿속에 개를 떠올리면 긴장하게 되듯이 말이지요. 이처럼 영화도, 머릿속의 이미지도 실물이 아니라는 것을 알고 있음에도 불구하고 실물을 앞에 두고 있는 것과 같은 반응을 하는 것은, '무의식은 현실과 이미지를 구별하지 못한다'는 법칙이 있기 때문입니다.

배가 고플 때 맛있는 음식점의 광고를 보면 입안에 침이 고이지요? 이 경우도 우리의 의식이 눈앞에 실제 음식이 있다고는 생각하지 않습니다. 하지만 몸은 눈앞에 실물이 있을 때와 같은 반응을 보입니다. 즉, 의식은 그것이 거짓이라는 것을 알고 있음에도 불구하고 무의식은 실물이라고 생각하는 것입니다.

영화나 광고를 볼 때 그것이 거짓이라는 것을 알면서도 환상의 세계에 빠져 현실처럼 느껴버리는 경우가 있습니다. 그것은 무의식 쪽이 압도적으로 많기 때문입니다.

1장에서 의식은 2만 명 정도의 사람들이 사는 왕국의 왕이라고 말씀드렸지요. 가령 왕은 거짓임을 알아챘다 하더라도 2만 명이 진짜라고 착각한다면 단 한 명인 왕은 그 분위기에 휩쓸려 진짜라고 착각해버립니다. 이처럼 무의식이 현실과 이미지를 구별하지 못할 때에는 의식도 마찬가지로 이미지를 현실이라고 생각해버리게 됩니다. 이 또한 무의식에 휩쓸려버립니다.

## 우리를 괴롭히는 것은 이미지에 불과할 뿐

과거의 괴로웠던 경험을 떠올리다 보면 실제 체험하는 것처럼 현실감을 느끼기도 합니다. 이와 같은 경우 가령 20년 지난 일이라 해도 지금 바로 눈앞에서 일어나고 있는 실제인 것처럼 느끼게 됩니다. 여기서 확실히 하고 싶은 것은, 우리는 눈앞의 사실에 괴로워하는 것이 아닌 머릿속 스크린에 투영된 이미지에 반응하고 있다는 것입니다. 무의식은 현실과 이미지를 구별 지을 수 없기 때문입니다.

매사에 심하게 걱정하는 사람들이 있습니다. 염려증을 안고 있는 사람은 일어날 가능성이 현저히 낮은 일도 두려워하는 경향이 있습니다. 당신은 그와 같은 극단적인 불안을 느끼는 사람을 보고 "그것은 쓸데없는 걱정이에요"라든가, "그것은 환상이에요"라는 등의 걱정 어린 충고를 할지도 모릅니다. 이처럼 다른 사람이 이미지의 세계에 빠져 헤어나지 못하고 괴로워할 때 그것은 환상의 세계에 빠져 좁아져버린 시야 때문이라는 것을 알 수 있습니다. 하지만 그 상황을 자신이 접하게 된다면 환상을 현실이라고 착각해버리게 됩니다.

현실에서는 머릿속 이미지가 당신에게 위해를 가하는 일이 없습니다. 그리고 이미지는 환영에 불과하기 때문에 어떻게든 바뀔

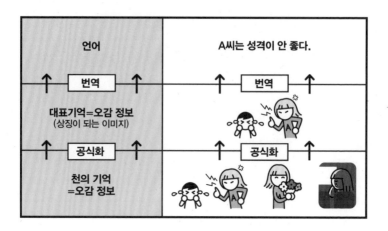

| 그림 30 : 언어는 대표기억을 번역한 것이다 |

수 있는 것입니다. 대표기억도 기억이기 때문에 머릿속 이미지에 불과합니다. 이와 같은 뜻에서 '대표기억은 이미지에 불과하기 때문에 바꾸기 쉽다'고 말한 것입니다.

영화관에서 영화를 보다가 마음에 들지 않는 장면이 나왔다고 해서 당신이 그것을 수정할 권한은 없습니다. 그것이 가능한 것은 영화감독뿐입니다. 하지만 당신의 머릿속 이미지는 당신 자신이 바꿀 수 있습니다. 당신은 당신이라고 하는 왕국의 왕이기 때문입니다.

가령 A라는 사람과 잘 맞지 않는다면 그의 성격이 좋지 않아서 그런 거라고 생각할지도 모릅니다. 하지만 실제로는 대표기억이 좋지 않아서 A씨에 대해 잘 맞지 않는 사람이라고 느껴버리는 것입니다. 이것은 '성격이 나쁘다' 등의 의미보다 단 하나의 대표기억이 어떤 색이나 소리로 되어 있는가가 중요하다는 것을 의미합니다. 오히려 성격이 나쁘다는 의미는 [그림30]과 같이 구체적인 이미지가 있고, 그것이 언어로 번역된 것입니다.

기억은 머릿속 스크린에 비친 이미지입니다. 가령 어떤 기억을 사진으로 인식했다고 가정하면 하나하나의 기억이 각각의 사진인 것입니다. 그러면 굉장히 좋지 않은 선입견이 있는 사람의 경우 그 인물에 관한 무수한 사진 안에서 가장 좋지 않은 사진을 대표기억으로 고르는 것이 됩니다. 싫어하는 사람이라고 해도 분명 친절하게 대해준 기억도 있을 텐데 말이지요. 하지만 대표기억을 호감 있는 A씨 사진으로 바꾸면 잘 맞지 않았던 A씨가 아무렇지 않게 느껴질 것입니다. 다음 내용에서 실제로 시험을 해보도록 하겠습니다.

# 기억을 바꾸는 연습 ❶

### – 기초편 –

## 좋은 기억을 강화시키는 연습

─────

대표기억은 사람이나 사건을 접했을 때의 반응을 만들어냅니다. 대표기억은 오감 정보 중에서도 주로 영상과 소리로 만들어지기 때문에 영상과 소리의 질이 반응의 질을 결정합니다. 특히 큰 영향을 주는 것은 영상이기 때문에 이 책에서는 주로 영상에 의한 대표기억 조절 방법을 살펴보겠습니다.

이제부터 대표기억 영상의 어느 부분을 바꾸면 반응이 크게 바뀌는지를 실험해보려고 합니다. 우선 대표기억의 밝기를 조절해보도록 하겠습니다.

먼저 즐거웠던 체험을 구체적으로 떠올려보시기 바랍니다. 즐거웠던 체험이 머릿속에 희미하게 떠오를 것입니다. 거기에는 즐거웠던 체험과 관련된 영상이 있을 것입니다. 영상이기 때문에 밝기가 있겠지요. 마치 텔레비전의 밝기 버튼을 눌러 명도를 올리듯이 머릿속의 영상을 밝게 해보세요. 충분히 밝아졌다면 그 상태에서 10초 정도 즐거웠던 체험을 즐겨주세요.

그런 다음 영상을 점점 어둡게 해보세요. 거의 보이지 않을 만큼 어두워졌다면 역시 그 상태에서 10초 정도 즐거웠던 체험을 떠올려주세요.

끝으로 어두워진 이 영상을 다시 한 번 밝게 조절합니다. 이 실험을 시작했을 때와 같은 정도의 밝기가 되었다면 그 상태에서 10초 정도 그 순간을 즐겨주세요.

대부분의 경우 영상을 밝게 하면 즐거움이 커집니다. 반대로 영상을 어둡게 하면 즐거움이 감소해갑니다. 같은 경험이라도 그에 동반되는 영상이 바뀌면 반응도 바뀌는 것입니다. 여기서는 기억에 동반되는 영상을 조절할 수 있다는 것과 영상을 조절하면 신체에서 느끼는 반응이 바뀐다는 것을 기억해주세요.

뇌 속 프로그램은 오감 정보와 언어를 의식적으로 사용함으로써 다시 바꿀 수가 있는데, 머릿속 오감 정보를 조작하는 방법이야말로 뇌 속 프로그램을 바꿀 수 있는 가장 간단한 방법입니다.

이 실험에서도 오감 정보를 의식적으로 조작하고 있습니다.

대표기억은 이미지에 불과합니다. 따라서 대표기억의 영상을 조절한다는 것은 이미지를 트레이닝 하는 것이라고 할 수 있습니다. 머릿속에 떠오르는 영상은 흐릿해도 상관없습니다. 실물을 100이라고 하면 5퍼센트 정도만 보여도 충분한 것입니다.

대표기억을 조절하려면 유쾌하지 않았던 사건을 떠올려야 하지만, 흐릿한 이미지를 떠올리는 것만으로도 몸은 충분히 반응합니다. 우리는 때때로 과거의 싫었던 사건을 떠올리지만 그 영상은 흐릿할 것입니다. 그럼에도 불구하고 몸에서는 확실히 반응을 하지요.

## 싫었던 기억을 바꾸는 연습

자, 이번에는 조금 전과 같은 방법으로 유쾌하지 않았던 체험을 조절해보겠습니다. 즐거웠던 체험을 조절할 때에는 영상을 밝게 하면 즐거운 기분도 상승하고, 영상을 어둡게 하면 즐거운 기분도 감소한다고 하였습니다. 이것은 영상을 밝게 하면 감정적인 강도가 증가하고, 영상을 어둡게 하면 감정적인 강도가 감소하는 것을 의미합니다. 따라서 유쾌하지 않았던 체험의 부정적인 감정을 감소시키려면 머릿속의 영상을 어둡게 해야 합니다. 이번에는 영상

## WORK 09
### 좋은 기억의 밝기 조절하기

❶ 즐거웠던 체험을 구체적으로 떠올려보세요. 그때의 체험이 머릿속에 희미하게 떠오를 것입니다. 거기에는 즐거웠던 체험과 관련된 영상이 있을 것입니다. 영상이기 때문에 밝기가 있겠지요.

❷ 마치 텔레비전의 밝기 버튼을 조절해 명도를 올리듯이 머릿속의 영상을 밝게 해보세요. 충분히 밝아졌다면 그 상태에서 10초 정도 즐거웠던 체험을 즐겨주세요.

❸ 밝아진 영상을 점점 어둡게 해주세요. 대부분 보이지 않을 만큼 어두워졌다면 역시 그 상태에서 10초 정도 즐거웠던 체험을 떠올려봐주세요.

❹ 어두워진 이 영상을 다시 한 번 밝게 조절합니다. 이 실험을 시작했을 때와 같은 정도의 밝기가 되었다면 10초 정도 그 순간을 즐겨주세요.

## WORK 10
### 싫은 기억의 밝기 조절하기

❶ 유쾌하지 않았던 체험을 구체적으로 떠올려보세요. 유쾌하지 않았던 체험과 연관된 영상이 머릿속에 흐릿하게 떠오를 것입니다.

❷ 그 영상을 점점 어둡게 해주세요. 감정적인 강도가 어느 정도 감소해가는지에 의식을 향하며 거의 보이지 않을 때까지 어둡게 조절해갑니다.

을 밝게 할 필요가 없습니다.

먼저 유쾌하지 않았던 체험을 구체적으로 떠올려보세요. 유쾌하지 않았던 체험과 연관된 영상이 머릿속에 흐릿하게 떠오를 것입니다. 그 영상을 점점 어둡게 해주세요. 감정적인 강도가 어느 정도 감소해가는지 의식하며 영상이 거의 보이지 않을 때까지 어둡게 조절합니다.

유쾌하지 않았던 체험의 밝기 조절은 일상생활에도 도움이 됩니다. 생각하기조차 싫은 불쾌한 사건이 돌연 머릿속에 떠오를 때 밝기 조절을 하면 분명 도움이 될 것입니다. 다만 밝기의 조절도 주제에 따라 다루는 방법이 다릅니다.

예를 들어 아침에 학교나 직장에 대한 안 좋은 이미지가 떠오르면 좀처럼 일어나기가 쉽지 않지요. 이와 같은 경우에는 학교나 직장의 머릿속 영상을 더 어둡게 하면 나쁜 감정이 더 증가해 안 좋은 이미지가 강화될 수 있습니다. 이러한 때에는 머릿속 영상을 더 밝게 함으로써 즐거운 감정을 강화하는 것이 좋습니다.

## 머릿속 기억의 크기 조절하는 연습

이제부터 머릿속 영상의 크기를 조절하면 어떻게 되는지 실험해보겠습니다.

대부분 머릿속 영상을 크게 하면 반응도 커지고, 머릿속 영상을 작게 하면 반응도 작아집니다. 크기의 조절도 주제에 따라 크게 하는 편이 좋은 경우가 있습니다. 예를 들어 비현실적일 만큼 머릿속 영상을 크게 하면 현실감이 떨어져 혐오감이 줄어드는 경우가 있습니다. 밝기와 마찬가지로 주제에 따라 효과가 완전히 반대로 나타나는 경우도 있기 때문에 실험을 더해가며 조절해나가는 것이 좋습니다.

대표기억의 크기를 조절하기 위해서는 다시 한 번 즐거웠던 체험을 떠올려보세요. 그리고 그 크기를 점점 크게 만들어갑니다. 충분히 커졌다면 10초 정도 그 순간을 즐겨보세요. 그런 다음 영상을 작게 만들어봅니다. 충분히 작아졌다면 10초 정도 즐거웠던 체험을 지켜보세요. 그러고 나서 그 영상을 다시 한 번 크게 만들어야 합니다. 이 실험을 시작했을 때와 같은 크기가 되었다면 10초 정도 그 순간을 즐겨보세요.

유쾌하지 않았던 체험의 크기를 조절하기 위해서는 먼저 유쾌하지 않았던 체험을 구체적으로 떠올려보세요. 유쾌하지 않았던 체험과 연관된 영상이 머릿속에 흐릿하게 떠오르면 그 반응으로 유쾌하지 않은 기분이 밀려오지요. 이때 만약 기분이 안 좋아졌다면 그 영상을 점점 작게 만들어가면 됩니다. 감정적인 강도가 어느 정도 감소해가는지 의식하면서 작게 만들어갑니다.

변화의 수단이나 효과는 사람에 따라 다를 것입니다. 밝기 조절 방법으로 혐오감을 줄일 수 있었다는 사람도 있고, 크기를 작게 하는 방법이 효과가 있었다는 사람도 있을 것입니다. 무엇보다 중요한 것은 이 과정을 꾸준히 반복해가면서 나의 부정적인 반응을 컨트롤할 수 있는 효과적인 이미지 조절법을 발견하는 것입니다. 그러기 위해서는 어느 항목이 나에게 효과적인지 실제로 적용해봐야 합니다.

다음의 시각 정보를 보고 어느 항목이 큰 변화를 일으키는지 실험해보시기 바랍니다.

**밝기:** 영상을 보다 밝게 하거나 어둡게 해보기

**크기:** 주목하고 있는 물건이나 사람을 보다 크게 하거나 작게 해보기

**위치:** 주목하고 있는 물건이나 사람의 위치를 왼쪽으로 두거나 오른쪽으로 둬보기

**색채:** 색을 컬러에서 흑백까지 다양하게 바꿔보기

**거리:** 주목하고 있는 물건이나 사람을 바로 앞에 가져오거나 멀리 이동시켜보기

**깊이:** 주목하고 있는 물건이나 사람을 사진처럼 평면으로 생각하거나 입체로 보기

**선명도:** 화면을 선명하게 하거나 희미하게 해보기

**움직임:** 활발히 움직이는 장면이나 멈춰 있는 정지 장면으로 해보기

**가로세로 비교:** 화면을 세로로 길게 하거나 가로로 길게 해보기

**속도:** 움직이는 영상의 경우 속도를 빠르게 하거나 슬로모션으로 해보기

**전경과 배경:** 주목하고 있는 물건이나 사람, 전경과 배경의 거리 혹은

전경과 풍경 바꿔보기

**배경 색:** 풍경의 색을 수수한 색으로 하거나 화려한 색으로 바꿔보기

**아이템 추가하기:** 등장인물에 꽃다발을 들게 하거나 미키마우스의 귀

등을 붙여보기

## WORK 11
### 좋은 기억의 크기 조절하기

❶ 다시 한 번 즐거웠던 체험을 떠올려보세요. 그리고 그 크기를 점점 크게 만들어갑니다. 충분히 커졌다면 10초 정도 그 순간을 즐겨주세요.

❷ 영상을 다시 작게 만들어봅니다. 거의 작아졌다면 10초 정도 그 순간을 떠올려주세요.

❸ 이 영상을 다시 한 번 크게 합니다. 이 실험을 시작했을 때와 같은 정도의 크기가 되었다면 10초 정도 그 순간을 즐겨주세요.


## WORK 12
### 나쁜 기억의 크기 조절하기

❶ 유쾌하지 않았던 체험을 구체적으로 떠올려주세요. 유쾌하지 않았던 체험과 연관된 영상이 머릿속에 흐릿하게 떠오르면 그 반응으로 유쾌하지 않은 기분이 밀려오지요.

❷ 좋지 않은 기분이 되었다면 그 영상을 점점 작게 만들어갑니다. 감정의 강도가 어느 정도 감소해가는가에 의식을 향하며 작게 만들어갑니다.

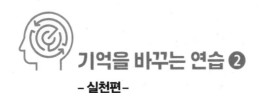

# 기억을 바꾸는 연습 ❷
## -실천편-

## 기억을 바꾸는 순서

기억을 바꾸는 순서는 간단히 말해 '대표기억 알아내기', '대표기억 조절하기' 순입니다. 대표기억 알아내기는 후지산을 떠올려본 것처럼 어떤 주제에 의식을 향했을 때 자연스레 머릿속에 오감 정보를 떠올리는 것입니다. 그리고 대표기억 조절하기는 밝기, 크기 등을 조절하는 것이지요. 그럼 대표기억 알아내기부터 살펴보겠습니다.

먼저 밝기와 크기를 바꾼 즐거웠던 체험의 대표기억을 보다 정밀하게 만들어갑니다. 다음 페이지에 나오는 [WORK13]의 항목

## WORK **13**
# 좋은 기억의 시각 정보에 의식 향하기

즐거웠던 체험의 대표기억 예: 여자 친구와의 데이트

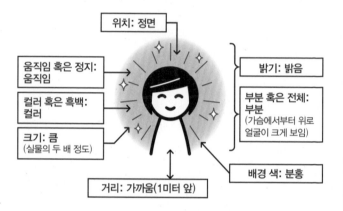

위치: 정면

움직임 혹은 정지:
움직임

컬러 혹은 흑백:
컬러

크기: 큼
(실물의 두 배 정도)

밝기: 밝음

부분 혹은 전체:
부분
(가슴에서부터 위로
얼굴이 크게 보임)

배경 색: 분홍

거리: 가까움(1미터 앞)

당신의 즐거웠던 체험 중 대표기억의 특징을 적어주세요.

| 대표기억의 항목 | 대표기억의 특징(예: 거리 – 3~4미터로 보임) |
|---|---|
| 밝기 | |
| 크기 | |
| 위치 | |
| 거리 | |
| 움직임 혹은 정지 | |
| 부분 혹은 전체 | |
| 배경 색 | |
| 컬러 혹은 흑백 | |

에 따라 하나씩 확인해가며 하단의 공란을 채워주세요. 밝기와 크기를 바꾸려 할 때 '움직임 혹은 정지', '왼쪽 혹은 오른쪽' 등에 신경을 못 쓰는 사람도 있을 것입니다. 인간은 의식을 향하는 것만 볼 수 있기 때문입니다.

많은 사람들이 대표기억이라고 하는 것을 잘 모릅니다. 그렇다 보니 대표기억을 알아내거나 바꿀 수 있다는 생각조차 하지 못합니다. 또 대표기억을 흐릿하게 보는 것만으로는 세부 영상을 떠올릴 수 없기 때문에 바꿀 수 있는 항목은 상당히 제한적입니다.

예를 들어 유쾌하지 않았던 체험 중 잘 맞지 않는 사람을 주제로 한다면 세부 사항까지는 의식을 향하지 않기 때문에 그것에는 신경 쓰지 않을 뿐 아니라 바꿀 수도 없습니다. 많은 부분을 바꾸려면 보다 많은 항목에 의식을 향하지 않으면 안 됩니다. 그렇기에 항목이 다양할수록 도움이 될 것입니다.

[WORK13]의 공란이 완성되면 156쪽의 [WORK14]와 같이 유쾌하지 않았던 체험을 시각화합니다. 여기서는 정반대되는 일의 시각 정보 차이를 확실히 구분합니다. 이를 통해 즐거웠던 일과 유쾌하지 않았던 일을 머릿속에서 체험할 때 어떤 부분이 다른지 알 수 있습니다.

대표기억의 이미지는 개인의 머릿속 특징을 나타내는 것입니다. '무서운 것=검은 것'처럼 모두에게 공통적이고 객관적인 것은 없

| 그림 31 : 대표기억의 예 |

**아버지의 대표기억**

한 손에 맥주를 들고 어려워 보이는
역사소설을 읽고 있다.

**어려운 공부의 대표기억**

눈앞에 안개가
끼어 있는 듯한 상태

**해외여행의 대표기억**

파란 하늘, 날아가는 비행기,
커다란 여행 가방

**입시 공부의 대표기억**

안경을 끼고 밤늦게까지
책상 앞에만 앉아 있다.

습니다. 사람에 따라서는 검은 것이 행복의 상징이 될 수도 있습니다. 따라서 다양한 대표기억을 알아보고 자신만의 특징을 찾아내는 것이 중요합니다.

제 지인 중에 즐거웠던 체험은 머릿속 오른쪽에 배치되어 있고, 유쾌하지 않았던 체험은 머릿속 왼쪽에 배치되어 있다고 하는 분이 있습니다. 이분은 유쾌하지 않았던 체험을 머릿속 오른쪽으로 이동시키면 불쾌한 기분이 완화된다고 합니다. 거듭 말씀드리지만 무언가를 바꾸려면 막연한 무의식의 습관을 손바닥 보듯 훤히 알 수 있을 정도로 구체화, 시각화할 필요가 있습니다.

## 대표기억 조절하기 ① 반응의 변화 수치화하기

이제까지 대표기억을 알아내는 연습을 해보았는데요, 이번에는 대표기억을 조절하는 연습을 해보겠습니다. 여기서는 어느 항목이 보다 큰 변화를 일으키는지 알 수 있습니다. 흥미 있는 항목을 골라 이미지를 조작해보세요. 일반적으로 밝기, 크기, 거리, 컬러 혹은 흑백, 움직임 혹은 정지 등의 전환이 효과가 있습니다. 인상을 확실히 바꾸려면 미키마우스의 귀를 붙이거나 아이템을 더하면 효과적입니다.

어느 정도 바뀌었는지 알아보기 위해 점수를 매기는 것도 좋은 방법입니다. 특히 주의해야 할 것은 바꾸는 방법에 따라 혐오감이 더 증가할 수 있다는 것입니다. 기분이 더 안 좋아진 경우에는 바로 원래의 상태로 되돌려주세요.

## WORK 14
# 나쁜 기억의 시각 정보에 의식 향하기

유쾌하지 않았던 체험의 대표기억 예: 여자 친구와의 다툼

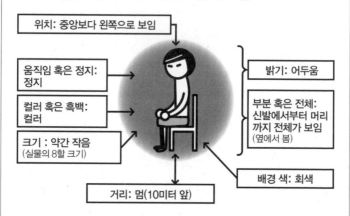

위치: 중앙보다 왼쪽으로 보임

움직임 혹은 정지:
정지

컬러 혹은 흑백:
컬러

크기 : 약간 작음
(실물의 8할 크기)

밝기: 어두움

부분 혹은 전체:
신발에서부터 머리
까지 전체가 보임
(옆에서 봄)

배경 색: 회색

거리: 멈(10미터 앞)

당신의 유쾌하지 않았던 체험 중 대표기억의 특징을 적어주세요.

| 대표기억의 항목 | 대표기억의 특징(예: 위치 - 오른쪽으로 보임) |
|---|---|
| 밝기 | |
| 크기 | |
| 위치 | |
| 거리 | |
| 움직임 혹은 정지 | |
| 부분 혹은 전체 | |
| 배경 색 | |
| 컬러 혹은 흑백 | |

# | 그림 32 : 대표기억 조절하기의 예 ① |

**여자 친구와 다퉜을 때의 일**

## 대표기억 조절하기 ② 동시에 세 가지 요소 바꿔보기

---

유쾌하지 않았던 체험의 시각 정보를 바꾸는 훈련이 되었나요? 머릿속 영상의 변화는 어떠한가요? 인상이 크게 달라진 항목이 있는가 하면, 거의 효과가 없는 항목도 있었겠지요?

어느 항목의 영향력이 높은지 알아내면 그것을 여러 번 반복하면서 보다 큰 변화를 이끌어낼 수 있습니다. 예를 들어 '색 바꾸기 →움직임을 정지로 바꾸기→마지막으로 거리를 20미터 멀리하기' 등의 과정을 반복하는 것입니다. 반응이 특히 완화된 항목을 세 가지 골라 바꾸어보면 좋습니다. 물론 세 가지 이상이어도 상관없습니다.

기억의 영상을 조절한 후 그 일에 대한 혐오감이 어느 정도 경감되었는지 확인해보세요. 그 유쾌하지 않았던 체험에 대한 느낌이 이전과 다르게 다가올 것입니다. 공포의 기억 등 뿌리 깊은 것이 아니라면 이런 식으로 대표기억을 바꿀 수 있습니다. 또한 반복하며 이미지화하다 보면 새로운 대표기억을 정착시키기가 수월해집니다.

## | 그림 33 : 대표기억 조절하기의 예 ② |

**특별히 큰 변화가 있었던 항목 세 가지 골라 수정하기**

# 기억을 바꾸는 연습 ❸
## -응용편-


## 습관화하기 힘든 것의 머릿속 이미지 조절하기

———

제 지인은 자신 있는 과목의 영상은 상세하게 잘 보이고, 자신 없는 과목은 안개 낀 것처럼 흐릿하게 보인다고 했습니다. 그런데 흐릿하게 보이는 영상을 명확하게 바꾼 결과 자신 없던 의식이 사라졌습니다. 그가 자신 없다고 생각하는 이유는 머릿속 영상이 확실히 보이지 않아서 알기 어렵다고 느끼는 것에 있었습니다. 이와 같이 무의식이 만들어내는 뇌 속 프로그램을 알게 되면 그것을 조절할 수 있게 됩니다. 많은 일들이 무의식적으로 이루어지기 때문에 이것들을 깨닫는 것은 굉장히 흥미롭게 느껴

## | 그림 33 : 습관화되어 있는 것과
## 습관화되어 있지 않은 것의 대표기억 |

### 습관화되어 무리 없이 할 수 있는 것의 대표기억 특징

**수영 학원에 다니기**

**움직임:** 리드미컬한 동작
**색:** 컬러(블루=좋아하는 색)
**밝기:** 밝음
**거리:** 바로 앞에 크게 보임

### 습관화하고 싶은데 잘 안 되는 것의 대표기억

**매일 한 장씩 그림 완성하기**

**움직임:** 정지
**색:** 흑백
**밝기:** 어두움
**거리:** 작고 멈

질 수 있습니다.

습관화하고 싶지만 잘 안 되는 것은 뇌 속 프로그램이 담을 쌓고 있기 때문입니다. 담에 가려져 원인을 알 수 없기 때문에 왠지 모르게 할 수 없는 것입니다. 따라서 습관화하기 어려운 것을 습관으로 만들려면 우선 머릿속에 있는 무의식적인 담을 잘 보이게 만들어야 합니다. 그것이 습관화되어 무리 없이 영상에 가까이 다가갈수록 행동으로 이어지기 쉽습니다. 이것이 이기는 패턴을 만듭니다.

뇌 속 프로그램은 오감 정보로 이루어져 있기 때문에 이기는 패턴은 이기는 패턴 특유의 색과 소리로 구성되어 있습니다. 따라서 습관화할 수 없는 패턴에 이것을 반영하면 이기는 패턴으로 다가갈 수 있게 됩니다.

## | 그림 34 : 습관화하기 힘든 것을 습관화하는 방법 |

**습관화하고 싶지만 잘 안 되는 것의 대표기억을
습관화되어 무리 없이 할 수 있는 것의 대표기억을 참고로 조절하기**

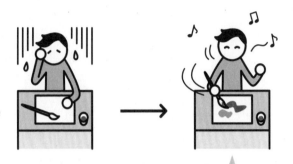

**움직임:** 리드미컬하게 한다.(특히 효과적)
**색:** 컬러로 한다.(좋아하는 에메랄드그린을 많게)
**밝기:** 밝게 한다.
**거리:** 바로 눈앞에 크게 한다.
**소리:** 리듬감 있는 라디오 방송 소리(DJ 목소리를 덧붙임)

- 특히 리듬감이 중요했기 때문에 리듬감 있는 라디오 방송 이미지를 추가하자 효과가 올라갔다.
- 아침에 일어났을 때와 실제로 그림을 그리기 시작하기 전에 이 이미지를 상기하자 매일 그림 한 장을 완성하게 되었다.

# THINKING

## 5장

## 습관을 바꾸는
## 가장 심플한 방법

# HABITS

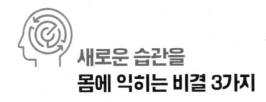

# 새로운 습관을
# 몸에 익히는 비결 3가지

이 장에서는 4장에서 소개한 새로운 습관화 이론을 일
상에서 곧바로 실천할 수 있는 방법을 알려드립니다. 새로운 습관
을 몸에 익히는 비결에는 크게 세 가지가 있습니다.

### 비결1 | 약한 의지를 강화시켜라

의지는 한마디로 주체적으로 선택할 수 있는 의식입니다. 즉, 의
지는 곧 의식을 뜻합니다. 따라서 주체적으로 선택할 수 있는 의
식은 자유롭게 의지를 발휘하기 쉬운 상태, 무의식에 따라가버리
는 의식은 의지가 약해진 상태라고 할 수 있습니다.

인간은 무의식적으로 살아가기 마련입니다. 노력을 하면 잠깐 주체적으로 선택할 수 있는 의식 상태가 가능한 정도입니다. 이는 달리 말하면 의지가 강한 사람을 좀처럼 찾아보기 힘들다는 뜻이기도 합니다.

간혹 의지가 강해 보이는 사람을 만난 적이 있기는 할 것입니다. 제 지인 중에도 몇 명 있습니다. 그들은 굉장한 집중력을 발휘하며 때때로 잠도, 휴식도 없이 일만 하곤 합니다. '의지가 강하지 않으면 그렇게 일에 집중할 수 없겠지?'라고 생각하는 사람도 있을지 모르겠습니다. 하지만 그들을 보고 알게 된 것은, 의지가 강한 것이 아니라 강렬하게 일에 몰두하게 만드는 뇌 속 프로그램이 있다는 것입니다. 알고 보면 그들은 의식적이라기보다 타성에 따라 일에 몰두하는 것입니다. 굉장한 집중력을 발휘해 일하기 때문에 전혀 그렇게 보이지 않겠지만요. 그들에게 있어서는 일을 하지 않고 쉬기로 할 때야말로 강한 의지가 필요한 것입니다. 이 같은 사람들은 몸이 아무리 힘들다 소리쳐도 쉬지 못합니다. 이 또한 의지가 약한 것이라고 할 수 있습니다. 새로운 습관을 몸에 익히기 위한 첫 번째 비결은 바로 약한 의지를 강화시키는 것입니다.

주체적으로 선택할 수 있는 의식 상태는 뇌 속 프로그램에서 비교적 자유로운 상태이기 때문에 의지를 발휘하기 쉽다고 볼 수 있습니다. 의지라고 하는 쉬운 표현을 사용하지 않고 굳이 주체적으로 선택할 수 있는 의식이라는 익숙하지 않은 단어를 사용하는 것은 착각을 피하기 위해서입니다. 즉, 의지라는 단어를 사용하면 일 중독에 걸린 사람들이 가질 불굴의 근성 같은 것으로 착각해버릴 가능성이 있기 때문입니다.

## 비결2 | 나쁜 습관에서 벗어나라

우리가 새롭게 몸에 익히고 싶은 습관은 나쁜 습관에 의해 방해받았던 것들입니다. 예를 들어 누군가 일찍 자고 일찍 일어나는 습관을 갖고 싶어 한다면 그것이 잘 안 된다는 뜻이겠지요? 일찍 자고 일찍 일어나는 게 잘 안 되는 이유는 인터넷 검색 등으로 밤을 새는 습관이 있기 때문입니다. 새로운 습관을 몸에 익히기 위한 두 번째 비결은 나쁜 습관에서 벗어나는 것입니다.

## 비결3 | 오래된 습관에서 벗어날 때 갈등을 최소화하라

무의식이 뇌 속 프로그램을 만드는 목적은 '안전, 안심의 확보와 효율화'를 위해서입니다. 습관도 뇌 속 프로그램이기 때문에 무의식은 의식을 최선의 상태로 만들기 위해 과거에 만들어진 습관을 반복하고 있는 것입니다.

나를 바꾸는 것은 조직을 바꾸는 것과 비슷합니다. 회사의 경쟁력이 떨어지면 리더는 조직의 변화를 전 사원에게 제안합니다. 하지만 그것을 강제적으로 밀어붙이면 사원들의 저항에 부딪혀 변화가 이루어지지 않습니다. 특히 오래전부터 활약해온 베테랑들은 오래된 방법을 내려놓아야 한다는 것에 상실감을 갖게 됩니다.

우리가 새로운 습관을 몸에 익히려 할 때에도 완전히 똑같은 상황이 벌어집니다. 변화를 시도할 때 오래된 습관이 저항을 하는 것입니다. 무리하게 습관을 바꾸려 하면 저항을 느끼거나 상실감을 느끼게 됩니다. 그렇게 되면 새로운 습관을 몸에 익히기가 어렵겠지요? 새로운 습관을 몸에 익히기 위한 세 번째 비결은 오래된 습관에서 벗어나려 할 때 갈등을 최소화하는 것입니다.

## 습관을 바꾸려 할 때
# 심리적 부담 줄이기

### 의지에도 한계가 있다

새로운 습관을 몸에 익히려면 약한 의지를 강화할 필요가 있다고 했지요? 여기서 가장 먼저 이해해야 할 것은 하루에 사용할 수 있는 의지에는 한계가 있다는 것입니다. 즉, 의지도 에너지와 마찬가지로 계속 쓰면 고갈되어버립니다. 아무리 의지가 강한 사람이라 해도 한숨도 안 자고 활동을 계속 이어갈 수는 없습니다. 에너지가 고갈되면 수면을 취함으로써 충전을 해야 합니다.

피곤할 때에는 아무것도 생각하지 않고 패턴화된 행동만 하게 됩니다. 이와 같은 상태에서는 새로운 습관을 만들기 위한 새로운 행동을 하기가 어렵습니다. 의지에도 한계가 있기 때문에 새로운 습관을 몸에 익히려면 의지의 소모를 막고, 의지를 제대로 보충할 필요가 있습니다.

그럼 의지를 소모시키는 것은 무엇일까요? 무엇보다 의지를 소모시키는 것은 '심리적 부담'입니다. 이것은 실제로 생겨나는 부담이 아니라 머릿속으로 생각하는 부담이나 내면에서 느끼는 부담, 즉 이미지를 말합니다. 결국 이미지가 인간에게 엄청난 영향을 끼치고 있는 것입니다.

우리는 뇌 속 프로그램의 필터를 통해 세계를 보고 있다고 말씀드렸지요. 그 결과 무섭지 않은 것까지 무섭다고 생각하거나 전혀 어렵지 않은 것도 어렵다고 느껴버리는 것입니다. 무언가 좋지 않은 일이 일어났을 때 '원인은 내게 있는 게 아닐까?'라고 생각하는 경향이 있는 사람은 머릿속에 무거운 짐을 지고 있는 것입니다. 책임감이 너무 강해서 모든 책임을 다 껴안고 괴로워하는 사람도 마찬가지입니다. 심리적 부담을 불러일으키는 것은 주로 부정적 사고입니다.

스트레스를 받을 때나 비관적으로 생각될 때에는 에너지 소모가 더 빠른 것처럼 느껴지지요? 가령 실연당한 직후 아침에 일어나 그 일에 의식을 향하면 그것만으로도 금세 지쳐버립니다. 부정적 사고는 대량의 에너지를 소모시키기 때문입니다.

## 습관을 바꾸려 할 때에는 심리적 부담이 느껴지게 마련

대부분 습관을 바꾸려 할 때에는 큰 심리적 부담을 느끼기 마련입니다. 특히 이제까지와는 전혀 다른 새로운 습관을 몸에 익히려할 때 더욱 그렇습니다. 이것은 실제 행동하기가 어렵기 때문이아니라 심리적 부담이 크기 때문에 귀찮게 느껴지는 것입니다.

예를 들어 운동할 마음으로 스포츠센터에 다니고 싶다고 주체적으로 선택할 수 있는 자신이 생각해도, 무의식적으로 흘러가는자신은 집에서 텔레비전을 보며 뒹굴뒹굴하고 싶다고 생각합니다. 이 경우 운동하러 가려고 생각했을 때 심리적 부담이 큰 것입니다. 냉정하게 생각하면 운동하러 가려는 것 자체는 괴로울 정도로 힘든 일이 아닙니다. 뇌 속 프로그램이 만들어내는 필터가 마음이 내키지 않는 인상을 만들어내 그것에 반응하고 있는 것뿐입니다.

새로운 습관을 몸에 익히기 위한 행동을 하려고 할 때 심리적부담이 가장 큰 것은 새로운 행동을 시작하기 전입니다. 스포츠센터에 가기 전 심리적 부담이 가장 큽니다. 실제 행동을 하고 있을때에는 그렇게까지 심리적 부담을 느끼지 않습니다.

여러분도 잘하지 못하는 것은 시작하기까지 시간이 걸리지 않나요? 예를 들어 잘 못하는 과목의 공부를 하려고 하면 뭐라 말할 수 없는 귀찮은 기분이 드는 것도 그렇습니다. 저는 싫어하는 과목의 공부를 하는 것이 왜 그리 내키지 않았는지, 평소 어질러져 있어도 전혀 신경 쓰이지 않았던 책상을 정돈하고, 방 청소까지 하면서 한 시간가량을 허비하고 나서야 간신히 자리에 앉아 공부를 시작하곤 했습니다.

많은 사람들이 다이어트, 방 청소, 매일 운동하기, 일찍 일어나기 등의 새로운 습관을 몸에 익히고 싶어 합니다. 잘하지 못하는 과목의 공부처럼 그래도 하는 것이 낫다고 생각하면서도 내키지 않는다는 핑계로 뒤로 미루었던 것이 아닐까 싶습니다.

새로운 습관을 몸에 익히려는 것을 방해하는 주범은 행동할 때 느끼는 심리적 부담입니다. 따라서 심리적 부담을 줄인다면 새로운 습관을 몸에 익히기가 훨씬 수월해질 것입니다. 심리적 부담은 이미지이기 때문에 대표기억을 조절하면 가볍게 실행할 수 있습니다.

## WORK 15

# 새로 습관화하고 싶은 행동 바꾸기

❶ 새롭게 습관화하고 싶은 행동을 하나 고릅니다. 그런 다음 그 행동의 대표기억을 알아봅니다.(156쪽 [WORK14] 참조)

❷ 그 대표기억을 조절합니다.(157쪽 [그림32] 참조)

● 새롭게 습관화하고 싶은 행동은 심리적 부담이 클 수 있기 때문에 가벼운 색으로 바꾸는 등 가볍게 조절하도록 합니다.

● 영상을 보다 가볍게 하기 위해서는 들으면 힘이 나는 곡을 넣는 것이 효과적입니다.

❸ 가볍게 조절한 대표기억을 떠올리고서 습관화하기 위한 행동을 취하도록 합니다.

## 습관을 바꾸는
## 가장 심플한 방법

### 목표는 작게 설정할 것

앞에서 새로운 것을 습관화하는 데 따른 심리적 부담을 줄이는 법을 배웠는데요, 여기서는 습관을 바꾸는 가장 심플한 방법을 소개하려고 합니다. 그것은 바로 목표를 작게 설정하는 것입니다.

제가 이 책을 쓰면서 가장 힘들다고 느껴지는 때는 역시 글을 쓰기 시작할 때입니다. 매일 아침 글을 쓰기 시작할 때나 점심 휴식 후 글을 쓰기 시작할 때 가장 힘이 듭니다. 특히 책 한 권을 완성해야 한다고 생각하면 심리적 부담이 커져 글을 쓸 엄두가 안

납니다. 제 자신이 해낼 수 없는 커다란 일이라 생각되는 이유에 서입니다. 어떻게든 마지막 장까지 써나갈 수 있었던 것은 목표를 작게 설정했기 때문입니다.

저는 대개 60분 정도 글을 쓰고 나서 잠시 휴식을 취했다가 다시 쓰기 시작하는 것을 반복하고 있습니다. 이때 만약 '마지막까지 전부 다 써야지'라고 생각하면 심리적 부담이 너무 커져 좀처럼 쓸 수 없게 됩니다. 그래서 '우선 5분간만 써보자'라고 생각합니다. 5분간만 써봐야겠다고 생각하면 마음이 훨씬 편안해집니다. 그러면 가장 부담되었던 처음 동작이 가벼워지고 이내 글을 쓰기 시작하게 됩니다. 그리고 일단 5분 정도 글을 쓰면 그전까지 느껴지던 무게감은 사라져갑니다. 글을 쓰는 것에 집중하기 시작하면 타성의 법칙이 작용해 점점 더 써내려갈 수 있게 되고, 60분 정도는 눈 깜짝할 사이에 지나가버리는 경우가 많습니다. 잘 못하는 과목의 공부도 시작하기까지가 어렵지 시작하기만 하면 이내 흥미를 느끼게 된 사람도 많을 것입니다.

지금 당장 시작할 수 있는 작은 목표를 세워 바로 시작하는 방법은 NLP 스쿨에서 배워 실천해온 것인데, 습관화 전문가 스티븐 기즈 역시 그의 저서에서 그 효과를 실감 나게 설명하고 있습니다. 충격적인 것은 그도 '목표는 작으면 작을수록 좋다'고 말한다는 것입니다.

예를 들어 그는 근육 트레이닝을 습관화하려면 팔굽혀펴기의 경우 하루 1회를 목표로 하라고 설명합니다. 습관화하려면 강한 의지 없이도 행동할 수 있어야 한다는 것입니다. 팔굽혀펴기 1회라면 습관적으로 하기 쉽겠지요. 그런데 1회로 끝나는 일은 거의 없기 때문에 2회, 3회로 이어갈 것입니다. 또 20회, 30회로 이어가는 경우도 많겠지만, 2회 이상 하게 된 것들은 '덤으로 하게 된 것'이라고 그는 말합니다. 글 5분만 쓰기, 팔굽혀펴기 1회만 하기 등 매일 이어갈 수 있는 가장 작은 단계를 목표로 하는 것이 심리적 부담을 줄이는 데 도움이 됩니다.

## 중요한 건 '계속할 수 있다'는 자기 암시

습관화를 하는 데 서툰 사람은 새로운 습관을 몸에 익히기 위한 행동을 했음에도 불구하고 다시 원래의 상태로 돌아갈지도 모릅니다. 이는 '새로운 습관을 계속 이어갈 수 없었다'고 하는 나쁜 기억이 습관화에 관한 대표기억으로 자리 잡았기 때문입니다.

습관화에 관한 부정적인 대표기억도 앞서 소개한 대표기억 조절 방법을 활용하면 완화됩니다. 대표기억을 조절하면 새로운 습관을 몸에 익히기 위한 행동을 하기가 수월해집니다. 하지만 의지 자체가 빠르게 강해지는 것은 아니기 때문에 의지가 점점 약해져 계속하기가 귀찮아지게 되지요. 그러다 '이번에도 계속 이어가지 못했어'라고 낙담하고, 습관화에 대해 부정적인 이미지를 다시 갖게 될지도 모릅니다. 그러면 애써 대표기억을 조절해도 원래대로 돌아가버립니다.

새로운 것을 습관화시켜 자동적으로 하게 만들기 위해서는 행동을 반복할 필요가 있습니다. 이때 '나는 계속할 수 있다'고 하는 자기 암시가 스스로를 지지해줍니다. 이것은 내가 몸에 익히고 싶다고 생각하는 온갖 행동의 습관화를 지지하는 뇌 속 프로그램입니다.

이 뇌 속 프로그램을 만들려면 어떤 것이든 한 가지라도 '적은 횟수'나 '짧은 시간'을 계속하는 것이 중요합니다. 적은 횟수나 짧은 시간이라면 확실히 지속적으로 해나갈 수 있기 때문입니다. 그리고 적은 횟수나 짧은 시간을 계속하고 있다는 이미지를 머릿속에 그리다가, 앞서 말씀드렸듯이 그 이상의 횟수를 할 수 있을 것 같을 때에는 덤으로 여러 번 더 실행하는 것입니다.

제 경우 60분 글쓰기를 기준으로 하는 것이 아니라 5분 글쓰기를 기준으로 하고 나머지 55분을 덤으로 쓰는 것입니다. 이 과정에서 얻게 되는 심리적 이득은 전혀 다릅니다. 60분 동안 글을 써도 전자의 경우 목표했던 최소한의 기준만 이루었다고 느낍니다. 그에 비해 후자의 경우에는 여분으로 55분이나 글을 더 쓴 것이기

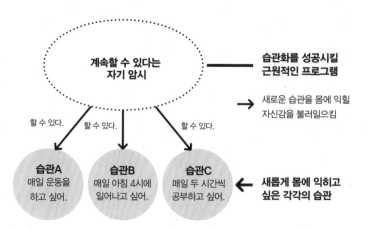

| 그림 36 : '나는 계속할 수 있다'는 자기 암시의 효과 |

계속할 수 있다는
자기 암시

습관화를 성공시킬
근원적인 프로그램

새로운 습관을 몸에 익힐
자신감을 불러일으킴

할 수 있다.    할 수 있다.    할 수 있다.

**습관A**
매일 운동을
하고 싶어.

**습관B**
매일 아침 4시에
일어나고 싶어.

**습관C**
매일 두 시간씩
공부하고 싶어.

**새롭게 몸에 익히고
싶은 각각의 습관**

때문에 기준을 크게 웃돌았다며 커다란 성취감을 느낄 수 있습니다. 이 성취감이 습관화를 더욱 촉진시키는 힘이 됩니다.

'실제 글을 쓴 분량은 완전히 같은데, 이건 속임수에 불과한 거 아닌가?'라고 생각하는 분들도 있을지 모르겠습니다. 네, 맞습니다. 이것은 속임수입니다. 하지만 시험해보면 아시겠지만, 어떻게 받아들이는가에 따라 느낌은 전혀 달라집니다. 여기서 중요한 것은 행동하게 만들기 위해 마음이 느끼는 방법을 바꾸는 것입니다.

## 최대의 보상은 성취감

새로운 습관이 정착되기까지 21일이 걸린다는 설도 있고, 200일

이상 걸린다는 설도 있습니다. 그것은 새로운 습관의 난이도나 개인에 따른 차가 있기 때문입니다. 새로운 습관을 몸에 익히기 위해 무언가를 계속 이어가려면 부하들의 협력이 필요합니다. 그리고 협력하게 하려면 부하들에게 보상을 주는 것이 빠질 수 없습니다. 이것은 조직의 경영과 같습니다.

리더는 조직을 변혁시키려 할 때 사원들에게 일하는 방법을 바꾸도록 제안합니다. 그러면 익숙하지 않은 새로운 방법에 사원들은 힘들어합니다. 단지 힘든 것뿐만이 아니라 사원들의 불만이 폭발해 변혁이 순조롭게 진행되지 않는 경우도 많지요. 그래서 리더는 사원들을 다양한 형태로 만족시키기 위해 신경을 씁니다. 가령 포상금 제공하기, 목표를 달성했을 때 칭찬하기 등과 같은 방법이 있습니다. 이처럼 우리 머릿속 왕국의 부하들도 보상을 받고 싶어 합니다.

가령 잘 못하는 과목의 공부를 집중해서 한 다음 우리는 '이렇게 애썼으니 잠시 만화를 읽어도 괜찮겠지?'라고 생각하기도 합니다. 큰일을 마친 후에는 한잔하는 것을 허락하듯 말입니다. 반면 애쓴 다음에도 '시간 낭비를 하면 안 되지', '몸에 좋지 않으니까 술은 마시고 싶어도 참아야지'라며 자신에게 엄하게만 한다면 스트레스가 해소되지 못하고 오히려 폭발할 수 있습니다. 그래서 부하들을 혹사시킨 후 많은 사람들이 무의식적으로 부하들에게 보상을 주고 있습니다.

새로운 것을 습관화할 때에도 새로운 습관을 만들기 위한 행동을 취한 후 보상을 해주면 그전으로 돌아가는 일이 줄어들게 됩니다. 그러므로 습관화를 위한 행동을 취할 때에는 부하들에게 보상을 해주는 것이 좋습니다.

부하들에게 줄 수 있는 최대의 보상은 왕이 부하들과 동일시되어 성취감을 맛보는 것입니다. 그러기 위해서는 매일매일 자그마한 목표를 달성하고, 그럴 때마다 성취감을 맛보는 것이 중요합니다.

때로는 특별한 이벤트도 준비해주세요. 가령 60일 동안 계속해나가기로 하고 30일간 이어갈 경우 언젠가 가고 싶었던 맛있는 레스토랑에서 식사하기 등으로 정하는 것입니다. 목표를 달성한 후에 맛있는 식사를 즐긴다면 성취감이 들겠지요. 사실 이 성취감은 부하들이 만끽하고 있는 것입니다. 그 증거로 당신이 성취감을 맛보고 있을 때 동일시하는 것에서 벗어나면 기분이 중립 상태가 되어 성취감은 사라지게 됩니다. 즉, 당신이 성취감을 만끽하고 있는 것은 무의식과 동일시되어 있기 때문입니다. 물론 이와 같은 동일시는 무의식과 함께 의식도 즐긴다면 좋겠지요. 그 기쁨을 마음껏 맛보는 것이 습관화에 힘을 더하는 지름길입니다.

## 자기 자신에게 감사 표시하기

---

습관화를 위한 행동을 취했을 때에는 의식의 의지에 무의식이 따라준 것이기 때문에 감사를 표현해주세요. 어떤 마사지 강사는 힘든 일을 마친 후 욕조에 들어가 손과 발의 피로를 풀어주며 자신의 몸을 향해 '애써줘서 고마워'라고 감사를 표한다고 합니다. 그러면 그냥 마사지만 할 때보다 몸의 피로가 더 풀린다고 합니다. 저는 운동을 다니고 있는데요, 끝나고 난 후 성취감을 느끼며 제 몸에 '고마워'라고 무언의 메시지를 전합니다. 이것은 이른바 무의식에 긍정적인 메시지를 보내는 것과 동일합니다.

많은 자기계발서에 자기 긍정을 높이려면 자신을 비추는 거울을 향해 '고마워'라고 말하는 것이 좋다고 쓰여 있지요. 습관화를 위한 행동을 취할 때마다 자기 자신에게 감사 표현을 하는 비결은 자신과 다른 의식이 거기에 있다고 생각하고 전하는 것, 그리고 감정을 담는 것입니다. 요약하면 마음으로 자신의 노고를 위로하는 것입니다.

성취감도 감정입니다. 감정은 무의식에 더욱 울려 퍼져 하나의 메시지가 됩니다. 이처럼 감사하는 마음을 갖는 것은 단순히 습관화를 쉽게 만들기 위해서뿐만 아니라 당신을 향한 무의식의 신뢰가 깊어지는 효과도 있습니다. '성취감을 맛보는 것'과 '무의식에게 감사하는 것'을 꾸준히 하다 보면 점점 무의식이 협력하게 됩니다.

한편 자기 부정만 하고 있는 사람은 무의식을 부정하는 것이 됩니다. 그러면 자기 긍정감이 떨어지고, 무의식이 당신의 말을 따르게 하기 어려워집니다. 실제로 자기 긍정감이 낮은 사람은 능력을 잘 발휘하지 못하고 지속력 또한 떨어집니다.

여기까지의 내용을 정리해보면 다음과 같습니다.

첫째, 습관화할 때에는 먼저 절대적으로 가능한, 정말 작은 행동을 매일 목표로 합니다.

둘째, 관성의 법칙이 작용하여 더 할 수 있게 되면 덤으로 실천합니다. 그것이 가능해지면 '이번에도 계속했어'라고 일부러라도 성취감을 느끼는 것입니다.

셋째, 고마운 마음을 담아서 무의식의 노고를 위로합니다.

이 세 가지를 실천하는 것은 특정 행동의 습관화에 덧붙여 습관화를 성공시키는 근원적인 뇌 속 프로그램을 만드는 데에도 도움이 됩니다.

# 새로운 것을 습관화하기 쉽게
# 이미지화하기

## 습관화를 촉진시키는 목표

지금부터는 습관화를 촉진시키는 목표를 찾는 방법을 소개하겠습니다. 여기서도 중요한 포인트는 이미지를 사용하는 것입니다.

3장에서 말씀드린 것처럼 무의식적으로 흘러가는 의식 상태로 살아갈 때에는 '감정→사고→의식' 순이 되기 마련입니다. 이 경우 감정이 사고를 조종하고 있기 때문에 그 순간의 일시적인 것을 추구합니다. 그러면 일관되게 같은 것을 지속하기가 어려워집니다. 감정은 채워지고 나면 그다음은 어떻게 되든 상관없다고 여기는 변덕스럽고 일시적인 욕구와 관계가 있기 때문입니다. 새로운 습관은 같은 행동을 반복함으로써 몸에 익히게 되기 때문에 무의식적으로 흘러가는 의식 상태에서는 습관화하기 어렵다는 것을 알겠지요.

의식이 정한 목표를 위해 습관화를 꾀하려 해도 이내 목표가 어떻게 되든 상관없다는 식으로 생각해버리게 되면 습관화가 곧바로 좌절되는 것입니다. 그에 반해 주체적으로 선택할 수 있는 의식 상태에서는 장기적인 안목으로 중요하다고 생각하는 것을 소중히 여기게 됩니다. 이것은 보편적으로 가치가 있는 것을 꿰뚫어보는 이성과 관계가 있습니다. 이 의식은 어떤 상황에서도 헛되이 포기하는 일 없이 이상을 가질 수 있습니다.

중요한 것이기 때문에 반복합니다만, 무의식적으로 흘러가는 의식 상태가 아닌 주체적으로 선택할 수 있는 의식 상태로 어떻게 살아가고 싶은지, 또 그렇게 하려면 어떤 습관이 필요한지를 이 내용을 통해 다시 한 번 생각해보시기 바랍니다.

## 목표를 습관화하기 쉽게 이미지로 바꾸는 방법

주체적으로 선택할 수 있는 의식이 중요하다고 생각하는 목적이나 목표에 의식을 향하면 습관화하기가 쉬워집니다. 그 이유는 이 또한 약한 의지를 보충하는 데 도움이 되기 때문입니다.

습관은 우리가 가고자 하는 곳으로 가도록 지원해주는 강력한 자동운전 시스템입니다. 따라서 가고자 하는 목적이 확실한 사람은 그렇지 않은 사람보다 습관화의 성공확률이 높아집니다.

다음의 두 문장을 한번 비교해봅시다.

① 'OO대학에 들어가고 싶어. 그러니까 매일 새벽 4시에 일어나 공부해야지.'
② '매일 새벽 4시에 일어나 공부해야지.'

비교해보면 ①이 하려고 하는 의지가 더 강하다는 것을 느낄 수 있지요. 무엇을 위한 습관화인지가 명확하기 때문입니다. 그에 비해 ②는 목적이 막연합니다. 많은 자기계발서에 쓰여 있듯, 목표가 명확해야 더 동기부여가 됩니다. 그 이유는 이 두 문장을 떠올려볼 때 머릿속의 이미지 차이로 알 수 있습니다. ①도, ②도 새로운 습관을 몸에 익히려 하는 것은 같습니다. 하지만 그것을 떠올려볼 때의 이미지는 상당히 다르지요. ①은 긍정적인 이미지라면, ②는 어쩐지 중압감의 이미지가 느껴집니다.

새로운 습관을 몸에 익히려는 것은 무의식이 지키고 있는 기존의 습관을 바꾸는 것이기 때문에 바꾸려 생각할 때 무언가에 짓눌리는 것 같은 답답함이 느껴지기 쉽습니다. 따라서 ②와 같은 목표를 세우면 행동이 무의식적으로 둔해지기 마련입니다.

목표로서의 두근거릴 만한 이상과 앞으로 몸에 익히고 싶은 습관을 이어줄 선언문을 다음과 같이 만들어보세요.

**'~(목표)를 하고 싶다. 그러려면 (새로운 행동)을 습관화하자.'**

새로운 습관을 몸에 익히고 싶다는 생각은 주로 두 갈래로 나뉩니다.

**A. '어떻게 해서든 이루고 싶은 목표가 있기 때문에 습관을 바꾸고 싶어.'**
**B. '뭐든 해도 안 되는 나를 바꾸기 위해 습관을 바꾸고 싶어.'**

A는 긍정적이고 밝은 이미지가 있어 습관화하기 수월한 반면, B는 부정적이고 어두운 이미지가 있어 답답한 느낌이 듭니다. 아쉽지만 B는 분명 오래 지속하기가 어려울 것입니다. 앞에서 목표는 작게 설정하는 편이 좋다고 말씀드렸는데요, 이는 특정 습관을 몸에 익히기 위한 행동 목표입니다. 그런데 여기서 다루는 목표는 '가고 싶은 대학에 합격하기' 등 당신이 가고자 하는 방향과 이상을 가리키고 있습니다.

많은 사람들이 목표가 긍정적인 이미지일 때 더 하고 싶은 마음을 갖지만, 반대로 두려움을 피하려는 위기감이 클 때 동기를 얻는 사람도 있습니다. B처럼 '뭐든 해도 안 되는 자신'에 위기감을 느끼고 더 노력해야겠다고 생각하는 사람입니다. 이 같은 분들은 중압감에 짓눌리는 답답한 이미지에 대한 두려움을 피하고 싶은 마음이 동기부여가 되는 것입니다. 이 경우 다음과 같은 선언문을 만들면 좋습니다.

**'~(최악의 상태)가 되면 곤란해. 그러니까 (새로운 행동)을 습관화하자.'**

어느 쪽이든 그저 새로운 습관을 몸에 익히려 하는 것보다는 그 이유를 함께 설정하는 쪽이 하고자 하는 의지를 더 높인다는 것을 기억해주세요.

## 목표가 먼저, 습관은 나중 문제

목표와 습관을 설정한 선언문은 습관화를 위한 행동을 취하기 전에 매번 읽어주세요. 그것만으로도 행동하기가 수월해집니다. 목표와 습관을 함께 설정한 선언문에서 중요한 포인트는, 그 선언문을 떠올릴 때에는 밝고 긍정적인 반응을 만들어내는 이미지가 있어야 한다는 것입니다.

보다 더 효과를 높이기 위한 비결을 하나 소개하겠습니다. 우선 '①달성하고 싶은 목표'와 '②새로운 습관의 대표기억'을 따로따로 알아봅니다.

①은 기본적으로 가슴이 두근거릴 만한 목표를 고른 것이기 때문에 밝게 빛나는 이미지가 많겠지요. 한편 ②는 변화를 동반하는 어려운 행동도 많을 것입니다. '새벽 4시에 일어나야지'와 같은 목표는 둔감한 반응을 만들어내는 이미지가 많습니다. 이처럼 각각 별도로 이미지화하면 대부분 밝은 이미지의 목표, 부정적인 인상의 습관이 되는 경우가 많습니다.

각각의 대표기억을 알아본 다음 밝은 이미지의 목표는 보다 크게, 부정적인 인상의 습관은 작게 합니다. 크게 설정한 목표의 이미지를 먼저 그리고, 다음에 작게 설정한 부정적인 습관 이미지를 넣습니다.

마지막으로 밝고 큰 목표 이미지 옆에 작고 부정적인 습관 이미지가 들어간 영상을 보다 밝게 합니다. 그러면 밝고 큰 목표 이미지의 영향을 받아서 습관의 부정적인 이미지는 완화됩니다. 그런 다음 목표에 조건을 붙였던 새로운 습관 선언문을 읽어보세요. 처음보다 무거운 감각이 완화되었다는 사실을 알 수 있을 것입니다.

아직 충분히 완화되지 않았다면 148~149쪽에 나와 있는 대표

## | 그림 37 : 목표를 이미지화하기 |

① **달성하고 싶은 목표**
마라톤 세 시간 반 만에 완주!

밝은 이미지의 목표!

크게 하기

② **새로운 습관**
매일 아침 한 시간씩 트레이닝

부정적인 인상의 습관

작게 하기

먼저 ①을 이미지화하고,
②를 작게 넣기

밝게 하기

기억의 시각 정보 항목을 사용해 더욱 두근거릴 만한 영상으로 조정해도 좋습니다. 이때 밝은 음악을 넣으면 보다 효과적입니다. 사람에 따라서는 오감 정보 가운데 소리의 요소가 큰 영향을 주는 경우도 있습니다.

여기서 한 가지 주의할 점이 있습니다. 만일 부정적인 인상의 습관을 먼저 이미지화하고 나서 그 옆에 목표를 넣는다면 부정적인 인상의 습관 이미지에 영향을 받아서 목표의 이미지까지 나빠질 수가 있습니다. 따라서 목표를 먼저 이미지화하고 그 옆에 습관 이미지를 넣는 것이 중요합니다.

결국 의식이 이미지를 사용해 감정을 움직이게 한다는 것을 알겠지요? 또한 이미지를 사용함에 따라 의지가 높아지는 것도 느껴지시나요? 다시 말해 이미지의 힘을 지렛대 삼아 강력한 감정을 움직이고 있는 것입니다.

의지만으로 습관을 바꾼다는 것은, 싫어하는 말과 맨손으로 싸우는 것과 같습니다. 그런 노력은 오래 이어갈 수 없습니다. 의지는 생각만큼 강하지 못하기에 의지를 더욱 높일 실마리가 필요하고, 거기에 도움이 되는 것이 이미지인 것입니다. 3장에서 실험한 대로 감정은 이미지의 영향을 많이 받기 때문입니다.

# 나쁜 습관의 흐름을 파악해 바꾸는 전략

## 나쁜 습관이 일으키는 행동 패턴 찾기

나쁜 습관을 극복하려 할 때 뇌 속 프로그램이 만들어 내는 일련의 흐름을 찾아내면 도움이 됩니다. 나쁜 습관이 일으키는 나쁜 행동은 사실 패턴화되어 있습니다. 즉, '계기→일련의 무의식적인 행동'이라는 흐름이 있는 것입니다.

예를 들어 예전에 저의 나쁜 습관은 인터넷 서핑을 많이 하는 것이었습니다. 인터넷을 많이 하게 되는 때는 주로 일이 잘 안 될 때입니다. 지금은 정기적으로 책을 내고 있지만, 그전에는 책을 쓴다는 것이 무엇보다 어려웠습니다. 저는 저의 업무 패턴을 주의 깊게

┃ 그림 38 : 나쁜 습관의 흐름(인터넷 서핑을 많이 하는 경우) ┃

① 컴퓨터 앞에 앉아 모니터를 바라본다.

② '책을 쓰지 않으면 안 돼'라는 소리가 들린다.

③ '책을 쓰고 싶지 않아'라는 또 다른 소리를 듣는다.

④ 책을 완성시키기까지의 터무니없는 과정을 이미지화한다.

⑤ 몸이 무거워져 책을 쓰는 것이 귀찮게 느껴진다.

⑥ 인터넷 창을 열어 뉴스를 읽는다.

관찰한 결과 위와 같은 흐름이 있다는 것을 알게 되었습니다.

여기서는 나쁜 습관의 패턴을 자세히 분석하고 있지만 보통 무의식화되어 있습니다. 이 역시 나쁜 습관은 몇 가지 일련의 흐름에 따라 일어난다는 것을 알고, 자신의 행동을 주의 깊게 관찰해야 비로소 깨닫는 것입니다.

저도 이 패턴을 주의 깊게 관찰하기까지는 어렴풋이 느끼고 있는 정도였습니다. '책을 쓰기 귀찮아'라고 느끼며 인터넷 뉴스로 피하는 것 정도로만 생각했었으니까요. 앞에서 무언가를 바꾸려면 손바닥 보듯 훤히 알고 있을 정도로 구체적이어야 한다고 말씀드렸듯이 어렴풋한 깨달음만으로는 패턴을 바꿀 수 없습니다.

## '오감의 흐름'에 주목하면 나쁜 습관의 패턴이 보인다

나쁜 습관의 패턴을 구체화, 시각화하려면 '오감의 흐름'을 파악하는 것이 좋습니다. 오감은 시각, 청각, 촉각, 미각, 후각을 말하지만, 여기서는 미각과 후각을 촉각에 포함시키겠습니다. 각각 영어의 앞 글자를 따면 시각은 'V', 청각은 'A', 촉각은 'K'가 됩니다. 또한 이 세 가지를 내부와 외부로 나누기 때문에 총 여섯 가지 기호로 나타낼 수 있습니다.

'e'는 external의 앞 글자로, 외부 세계를 말합니다. Ve(외부 시각)는 눈을 통해 보이는 정보입니다. Ae(외부 청각)는 귀를 통해 들려

| 그림 39 : 오감 정보의 종류 |

| | |
|---|---|
| **Ve(외부 시각)** | **눈을 통해 보이는 정보** |
| **Vi(내부 시각)** | **머릿속에 있는 영상, 이미지** |
| **Ae(외부 청각)** | **귀를 통해 들려오는 정보** |
| **Ai(내부 청각)** | **머릿속에서 들려오는 소리** |
| **Ke(외부 촉각)** | **촉감을 통해 느끼는 정보** |
| **Ki(내부 촉각)** | **신체의 내부에서 느끼는 반응** |

오는 정보입니다. Ke(외부 촉각)는 감촉 등 촉감을 통해 느끼는 정보입니다. 'i'는 영어 internal의 앞 글자로, 내면을 말합니다. Vi(내부 시각)는 머릿속에 있는 영상, 즉 이미지입니다. Ai(내부 청각)는 머릿속에서 들려오는 소리입니다. 예를 들어 당신이 좋아하는 뮤지션의 곡이 머릿속에서 울려 퍼질 때가 있지요? Ki(내부 촉각)는 감정 등 신체 내부에서 느끼는 반응입니다.

이 기호를 저의 좋지 않은 습관이었던 인터넷 서핑에 적용시켜보면 [그림40]과 같이 됩니다. 이처럼 나쁜 습관은 무의식적인 오감의 흐름을 갖고 있는 것입니다.

| 그림 40 : 나쁜 습관을 오감의 흐름에 따라 세분화하기 |

① 컴퓨터 앞에 앉아 모니터를 바라본다.(Ve: 외부 시각)

② '책을 쓰지 않으면 안 돼'라는 소리가 들린다.(Ai: 내부 청각)

③ '책을 쓰고 싶지 않아'라는 또 다른 소리를 듣는다.(Ai: 내부 청각)

④ 책을 완성시키기까지의 터무니없는 과정을 이미지화한다.(Vi: 내부 시각)

⑤ 몸이 무거워져 책을 쓰는 것이 귀찮게 느껴진다.(Ki: 내부 촉각)

⑥ 인터넷 창을 열어 뉴스를 읽는다.(Ve: 외부 시각)

## 나쁜 습관을 작동시키지 않는 요령

나쁜 습관도 손바닥 보듯 훤히 알고 있으면 바꿀 수 있습니다. 중간의 진행 과정을 의식적으로 바꿔 넣으면 되는 것입니다.

이 일련의 흐름을 한번 살펴보면 나쁜 습관의 흐름은 '③책을 쓰고 싶지 않아'라고 하는 또 하나의 소리를 들은 것을 기점으로 한다는 것을 알 수 있습니다. 세분화를 해보면 전체의 흐름 중 어느 부분이 문제인지를 알게 됩니다. 이 경우 ③ 부분을 의식적으로 바꾼다면 좋지 않은 패턴을 중단하고, 긍정적인 흐름으로 새롭게 전환시킬 수 있습니다. 그래서 ③을 대체할 새로운 질문을 생각해보았습니다.

③ '이 책을 쓰는 것은 내 인생에 어떤 의미가 있을까?'

이 새로운 질문을 첨가하면 그다음 흐름은 다음과 같이 바뀝니다.

④ 이 책을 씀으로써 목표를 실현하는 이미지를 떠올려본다.(Vi: 내부 시각)

⑤ '쓰고 싶다'는 의욕을 느낀다.(Ki: 내부 촉각)

⑥ '어쨌든 최선을 다하자'라는 소리가 들려온다.(Ai: 내부 청각)

⑦ 쓰다 만 원고에 집중한다.(Vi: 외부 시각)

이 또한 대표기억을 조절했던 것처럼 시각화를 한 다음 세분화함에 따라 만들어낸 변화입니다. 나쁜 습관이 무의식적으로 자리 잡았을 때에는 ①~⑥의 과정 전체가 하나의 거대한 덩어리를 이룹니다. 이 경우 나쁜 습관이 단단한 요새처럼 느껴져 손을 쓸 엄두조차 못 내 무력감을 느낄지도 모릅니다. 그러면 아무리 의지의 힘으로 바꿔보려고 해도 쉽지 않습니다. 하지만 이것을 따로따로 분해해 단 하나의 과정만 바꾸면 된다고 하면 어떨까요? 심리적 부담이 줄어드는 것을 느낄 수 있습니다. 바윗덩어리는 너무나 커서 어찌하지 못하지만, 세분화하면 작은 돌에 지나지 않기 때문입니다. 이처럼 무언가를 바꾸는 것의 기본은 무의식적이었던 것을 의식화하는 것입니다.

여기까지 읽은 여러분은 이미 깨달았을지 모르지만, 뇌 속 프로그램의 패턴 안에서 나오는 내부 청각은 무의식의 소리입니다. 대부분의 사람들은 무의식적으로 들려오는 이 내부의 소리를 자신의 속마음이거나 자신의 생각이라고 여길 것입니다.

제 경우 '책을 쓰지 않으면 안 돼', '책을 쓰고 싶지 않아'라고 하는 내부 청각은 모두 부정적인 소리입니다. 하지만 분명 책을 써야 한다는 것을 의식하고 있는 것입니다. 그렇지 않다면 열세 권의 책을 펴내지 못했겠지요. 책을 쓰는 것은 제가 자발적으로 결정한 일로, 상사에게 명령받은 의무가 아닙니다.

이렇게 무의식적으로 들려오는 소리가 의식의 소리가 아닌 무의식의 소리라는 것을 알고 나면 이 소리를 따라가는 것을 피하기 쉽겠지요. 의식적으로 만든다고 하는 것은, 이제까지 의식이라 생각하고 자동적으로 따르던 것에서 벗어나 그것을 컨트롤하는 것입니다.

## 오감 정보에 따라 나쁜 습관을 세분화하는 방법

나쁜 습관을 세분화하는 과정은 꼭 실행해보시기 바랍니다. 방금 전 말씀드렸듯, 이 흐름은 무의식적으로 전개되기 때문에 보통 여기까지 자세하게 깨닫지 못합니다. 대부분의 경우 처음 과정과 마지막 과정 정도만 깨닫습니다. 201쪽의 [WORK16]처럼 우선 처음과 마지막을 채운 다음 그 사이에 어떠한 과정이 있을지 의식적으로 생각하면 냉정하면서도 객관적으로 자기 자신의 생각 과정을 관찰하기가 쉽습니다.

나쁜 습관을 세분화하는 것이 가능해졌다면 이 나쁜 습관을 무너뜨릴 패턴을 생각해보세요. 이때 염두에 두어야 할 것은 '중요한 목표'와 '긍정적인 질문'을 잘 활용하는 것입니다. 특히 긍정적인 질문은 흐름을 바꾸는 데 효과적입니다. 자문을 하면 질문의 내용과 관련된 이미지나 언어가 떠오르기 때문입니다. 제 경우에도 '이 책을 쓰는 것이 내 인생에 있어 어떤 의미가 있을까?'라고 목표와 관련해 자문해보자 그 질문에 따른 사고 내용이 연상되었습니다. 이는 3장에서 배웠던 사고 내용을 전환하는 방법을 응용한 것입니다.

이와 같은 방법으로 사고 습관을 바꾸는 것도 가능합니다. 사고 습관에도 '그것이 발동하는 계기'와 '무의식의 흐름'이 있습니다. 또한 내부 시각에 관해서는 4장에서 배운 '이미지 수정' 방법을 활용하는 것도 효과적입니다. 나쁜 습관의 흐름 가운데 어떤 이미지를 떠올리는 버릇이 있는지를 안다면 의식적으로 수정할 수 있을 것입니다.

예를 들어 정리하는 것이 어려운 사람은 '정리를 해야겠지?'라고 자문하는 순간, 정리와 관련된 복잡한 작업 이미지가 떠오를 수 있습니다. 이런 경우에는 복잡한 작업 이미지를 '정리를 끝낸 후 깔끔해진 방의 영상'으로 바꾸는 것이 좋습니다. 또 그 영상의 밝기를 높게 하고, 편안한 음악을 더하는 것도 좋겠지요.

WORK

## WORK 16
## 나쁜 습관 세분화하기

❶ 나쁜 습관을 하나의 주제로 선택합니다.

❷ 나쁜 습관이 발동하는 계기와 그 결과를 떠올리고, 아래의 기호란에 여섯 가지 오감 정보 중 하나를 기입하고 그 내용을 간단히 작성합니다.

❸ 계기와 결과 사이의 과정을 의식적으로 생각하고, 그 사이의 과정에도 기호 와 내용을 넣습니다.
● 대개 그 사이의 과정은 2~5개 정도

❹ 오감 정보에 따른 나쁜 습관의 무의식적인 흐름을 파악했다면 나쁜 습관이 일어나는 기점을 특정합니다.

❺ ❹에서 특정한 나쁜 패턴의 기점에 다른 내용을 바꿔 넣으면 나쁜 습관이 무너집니다. 이때 당신의 중요한 목표와 긍정적인 질문이 도움이 됩니다.

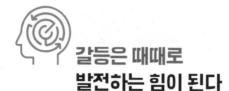

## 갈등은 때때로
## 발전하는 힘이 된다

**오래된 습관에서 벗어날 때 갈등 조정하기**

———

이 책을 쓸 무렵, 20년 만에 NLP의 책 중 한 권을 다시 읽어보게 되었습니다. 그 책에는 '성공하고 싶다, 하지만 튀는 것이 두렵다'라고 쓰여 있었습니다. 이것은 NLP 트레이너가 되기 전 제 고민이었습니다.

인간에게는 다양한 면이 있습니다. 이 책에서는 이해하기 쉽게 왕과 부하들의 두 가지로 나누어 설명했는데요, 부하들은 말 그대로 복수입니다. 당신 안에 있는 다양한 부하들, 즉 인격을 심리학에서는 '퍼스널리티personality'라고 부릅니다.

일찍이 제 안에는 '성공을 바라는 부하'와 '뛰는 것이 두려운 부하'가 있어서 서로 반목하고 있었습니다. 이와 같은 대립을 '갈등'이라고 말합니다. 만약 성공을 바라는 부하와 뛰는 것이 두려운 부하 중 어느 한쪽만 있다면 고민할 필요가 없겠지요. 그렇다고 성공을 바라는 부하만 있다면 두려움을 모른 채 비현실적인 삶만 살게 될 것입니다.

지난 20년간 저는 이상으로 여겼던 것을 실현시켜왔는데, 그것은 겁쟁이에 뛰는 것이 두려운 신중한 부하의 유익한 충고를 소중히 여겨왔기 때문입니다. 물론 제 안의 성공을 바라는 대담한 부하도 대활약을 했습니다. 이 두 부하는 대립 관계에서 서로 채워주는 관계로 성장한 것입니다. 지금은 반대 의견을 내는 귀중한 참모들입니다.

여기서 중요한 것은, 어느 쪽도 왕이 아니라는 것입니다. 다음 페이지의 [그림41]처럼 왕은 이 두 부하 가운데 어느 쪽의 의견을 선택할 수도 있고, 또 협조하며 상호작용 하는 것도 가능합니다. 이런 식으로 생각할 때 당신 안에 있는 여러 부하들은 효과적으로 짝을 지어 유효한 자원이 되는 것입니다. 이는 뛰어난 경영자가 중요한 의사결정을 할 때 굳이 상반된 의견을 가진 부하들의 소리를 동등하게 참고하는 것과 같습니다.

만약 새로운 습관을 몸에 익히고 싶은데 그것이 잘되지 않는다

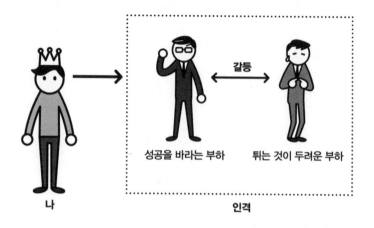

| 그림 41 : 두 명의 부하와 나 |

갈등

성공을 바라는 부하    튀는 것이 두려운 부하

나                    인격

면, 오래전 제가 그랬던 것처럼 진보적인 부하와 보수적인 부하가 대립하고 있는 것이겠지요. 변화하는 것을 선택했다는 것은 왕이 진보적인 부하의 의견을 받아들이기로 의사결정을 했다는 것을 뜻합니다.

그렇다고 새로운 습관을 몸에 익히기 위해 진보적인 부하만을 남겨두고 보수적인 부하는 말살하려고 한다면 보수적인 부하가 격하게 저항해 앞으로 나아갈 수 없게 됩니다. 따라서 상반되는 부하들의 의견을 조정해 쌍방의 협력을 얻어 앞으로 나아갈 필요가 있습니다.

## 무의식에도 긍정적인 요인이 있다

---

튀는 것이 두려운 부하의 소리는 부정적인 느낌이 들기 때문에 변화에 대한 저항 세력으로 생각할지도 모릅니다. 실제로 왕이 손을 쓰지 않으면 튀는 것이 두려운 부하는 성공을 바라는 부하와 대립해 왕을 영원히 꼼짝 못 하게 할 수도 있습니다. 하지만 튀는 것이 두려운 부하 안에 있는 '플러스 동기'를 확실히 들어준다면 왕이 적절히 앞으로 나아갈 수 있도록 돕는 참모가 될 수 있습니다.

이 장의 처음 부분에서 무의식이 뇌 속 프로그램을 만드는 목적은 '안전, 안심의 확보와 효율화'를 위한 것으로, 습관 또한 뇌 속 프로그램이기 때문에 무의식은 의식을 최선의 상태로 만들기 위해 과거의 습관을 반복하는 것이라고 말씀드렸습니다. 20년 전에 제가 튀는 것을 두려워했던 이유는 회장이나 회사의 상사가 부원들이나 부하들에게 비판을 받는 것을 여러 번 보았기 때문입니다. 이러한 체험을 통해 제 안에는 '튀는 자리에 있는 사람=비판받는 사람'이라는 공식이 자리 잡고 있었습니다.

부원이나 부하가 책임을 져야 하는 위치에 있는 사람들의 횡포를 용납하지 않는 것은 위치가 높은 사람이 잘못된 판단을 하면 많은 사람들에게 손해를 끼치기 때문입니다. 저는 튀는 것을 두려워했다기보다는 비판받는 것을 두려워했던 것입니다.

높은 위치에 있는 것이 나쁠 이유는 없습니다. 문제는 잘못된 의사결정을 함으로써 피해를 끼치는 것에 있습니다. 이처럼 생각해 보면 튀는 것을 두려워하는 것도 잘못된 힘을 사용하지 않기 위해 경계하는 것이 됩니다.

능력을 마음껏 발휘해 자기실현을 하는 것은 자유와 행복을 불러옵니다. 또 많은 사람들을 행복하게 해주기 위한 이상적인 사명을 다하려면 높은 위치에 설 필요가 있습니다. 하지만 위치가 올라갈수록 '선생님'이라 불리며 자신도 모르는 사이에 방만해져 겸허함을 잃어버리는 경우도 있습니다. 이러한 때 튀는 것을 두려워하는 부하는 때때로 우리에게 두려움을 느끼도록 하며 겸허함을 잃지 않도록 돕습니다. 따라서 액셀과 브레이크를 적절히 사용하는 것이 중요합니다. 무엇보다 왕이 양쪽의 균형을 냉정하게 유지하며 자기실현을 이루어나가는 것이 중요합니다.

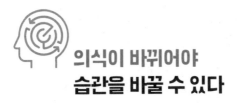

# 의식이 바뀌어야
# 습관을 바꿀 수 있다

### 새로운 습관, 더 이상 미루지 않는 방법

———

지금부터 소개할 방법은 세 단계로 구성되어 있는데요, 모두 같은 주제로 실행해주시기 바랍니다. 이 일련의 과정은 대립하는 두 부하의 관계를 조정하는 것입니다. 새로운 행동을 습관화하고 싶은데 오래된 행동을 유지하려는 부하가 만류하는 경우에 사용하면 좋습니다. 따라서 주제는 '새로운 습관을 몸에 익히고 싶으면서도 미뤄왔던 것'으로 하면 효과적이겠지요.

우선 대립하는 두 행동을 다음 순서로 특정합니다.

① 주제는 '새로운 습관을 몸에 익히고 싶으면서도 미뤄왔던 것'으로 한다.

② '새로운 습관의 행동'을 구체적으로 적는다.(운동 다니기 등)

③ '새로운 습관의 행동과 대립하는 행동'을 특정한다.(집에서 텔레비전 보기 등)


주제가 정해지고, 대립하는 두 가지 행동이 확실해졌으면 그 행동을 하려고 하는 각각의 부하가 있는지 확인합니다. 그리고 대립하는 부하들의 의견을 평등하게 들을 준비를 합니다. 여기서는 각각 플러스 동기가 있는지 확인하는 것만으로도 충분합니다. 요령은 부정적으로 보이는 쪽 부하의 옳은 부분을 인정해주는 것입니다.

새로운 습관을 몸에 익히고 싶은 부하가 생각하고 있는 것을 주체적으로 선택할 수 있는 의식 상태에서 냉정하게 관찰해보세요. 그러면 자연스레 사고 내용이 떠오를 것입니다. 이것은 나쁜 습관을 오감의 흐름에 따라 세분화하는 과정에서 내부 청각에 해당합니다. 앞에서 제가 책을 쓰려 하면 '쓰기 싫어'라는 소리가 들린다고 말씀드렸습니다. 이는 무의식적으로 들려오는 부하의 소리였지요.

그 습관에 저항하는 부하가 생각하는 것을 '좋고 나쁨'으로 판단하지 말고 냉정하게 들어주세요. 그것은 당신이 상사로서 두 명의 대립하는 부하가 각자 말하고자 하는 것을 공평하게 들어주려 노력하는 것과 같습니다. 의외라고 생각하실지 모르겠지만, 변하고

## WORK **17**
## 대립하는 두 부하의 의견 듣기

❶ 설정한 주제, 즉 새로운 습관을 몸에 익히고 싶으면서도 미뤄왔던 것을 떠올립니다.

❷ 새로운 습관을 몸에 익히고 싶어 하는 부하 쪽으로 의식을 향하고 몸으로 느낍니다.
● 1~2분 정도 천천히 느낍니다.

❸ 새로운 습관을 몸에 익히고 싶어 하는 부하가 왜 습관화하고 싶어 하는지, 어떤 플러스 동기가 있는지를 듣습니다.
● 이때 자연스레 떠오르는 사고 내용이 습관화하고 싶어 하는 부하의 소리라고 생각해주세요.

❹ 새로운 습관을 익히려는 것에 저항하는 부하 쪽으로 의식을 향하고 몸으로 느낍니다.
● 1~2분 정도 천천히 느낍니다.

❺ 새로운 습관을 몸에 익히려는 것에 저항하는 부하가 왜 그 습관화를 싫어하는 것인지, 변화하지 않을 때 플러스 동기가 있는지를 듣습니다.
● 이때 자연스레 떠오르는 사고 내용이 새로운 습관을 몸에 익히려는 것에 저항하는 부하의 소리라고 생각해주세요.

자 하지 않는 부하는 변화하지 않음으로 인한 중요한 메리트를 가르쳐줍니다.

## 새로운 습관에 저항하는 본질적 이유
———

다음에 소개할 내용은 [WORK17]의 속편입니다. 이 과정은 조금 전 결정한 주제로 실행을 해주세요. 여기서는 새로운 습관에 저항하는 부하와 보다 섬세하게 커뮤니케이션을 하고, 플러스 동기를 심화하는 시간을 가지려고 합니다. 또 플러스 동기의 본질을 천천히 몸에서 느끼도록 한 다음 그 동기의 상징이 되는 이미지를 만들어보겠습니다.

[WORK18]의 ❸은 왕과 새로운 습관에 저항하는 부하를 분리하는 데 도움이 됩니다. 예를 들어 특별히 느끼게 되는 부분이 가슴이라면 그곳에 손을 얹습니다. 그리고 그 주변에 새로운 습관에 저항하는 부하가 있다고 가정하고, 'X'라고 이름 붙입니다. 그러면 [WORK18]의 그림처럼 왕이 가슴에 있는 부하와 대화하는 듯한 구도가 됩니다. 이와 같이 부하와 대화할 때 왕의 위치와 부하의 위치를 나누면 대화를 하기가 쉬워집니다. 머리와 가슴이 이야기를 나눌 때 왕과 부하가 각각의 존재라고 인식하기 때문입니다. 부하를 X라고 이름 붙인 것도 이름을 부여하면 별도의 존재라고 인

## WORK 18

# 저항하는 부하의 '플러스 동기' 심화하기

❶ [WORK17]의 ❹에서 체험한, 새로운 습관을 몸에 익히려는데 저항하는 부하 쪽으로 다시 의식을 향하고 몸으로 느낍니다

● 1~2분 정도 천천히 느낍니다.

❷ 새로운 습관을 몸에 익히고 싶어 하는 부하 쪽으로 의식을 향하고 몸으로 느낍니다.

● 1~2분 정도 천천히 느낍니다.

하고 싶은 것만 하면서 살고 싶어!

❸ 변화하지 않을 때의 플러스 동기를 이미지화하고, 몸의 반응을 천천히 느낍니다. 몸의 반응을 더욱 강하게 느끼는 부분에 손을 얹습니다. 거기에 새로운 습관을 몸에 익히려는데 저항하는 부하가 있다고 생각하고, 그를 'X'라고 이름 붙입니다.

❹ X에게 그런 부정적 행동을 하는 플러스 동기의 본질은 무엇인지를 묻고, X가 대답해줄 때까지 조용히 기다립니다. 대답은 짧은 단어로 하도록 부탁합니다.

플러스 동기의 본질은 무얼까요?

자유

● 플러스 동기의 본질은 동기를 심화한 것이기 때문에 사랑, 자유, 안심, 평등, 일체감 등 보편적인 것이라고 생각해주세요.

❺ 대답이 돌아왔다면 그것이 어떠한 대답이든 반드시 "대답해줘서 고마워"라고 감사를 표합니다.

대답해줘서 고마워.

❻ X가 바라는 플러스 동기의 본질에 가능한 충실한 시각 이미지를 만들고, 그에 반응하는 질감을 몸으로 확실히 느낍니다. 1~2분 정도 그 질감을 천천히 느끼고서 종료합니다.

식하기가 수월하기 때문입니다. 이런 식으로 노력하다 보면 무의식 속에 있는 부하와 섬세한 커뮤니케이션을 취할 수 있게 됩니다.

[WORK18]의 ❹에서 주의할 것은 부하의 대답이 왕의 추측이 아니라는 것입니다. 부하에게는 왕과 다른 의식이 있습니다. 그러므로 타인에게 말을 걸 때와 마찬가지로 "플러스 동기의 본질은 무엇입니까?"라고 말을 걸어야 합니다.

'플러스 동기'와 '플러스 동기의 본질'의 차이에 대해서도 설명하겠습니다. 먼저 플러스 동기는 구체적인 편입니다. 예를 들어 '운동 다니기'라고 하는 행동에 저항하는 플러스 동기는 '독서에 열중할 수 있다' 등입니다. 그에 비해 플러스 동기의 본질은 '독서에 열중할 수 있다'를 추상화한 것입니다. 예를 들어 '정신적 충족, 편안함' 등입니다. 또한 플러스 동기의 본질은 동기를 심화한 것이기 때문에 '사랑, 자유, 안심, 평등, 일체감, 강함, 부드러움 등 보편적인 것'이라고 생각할 수 있습니다.

플러스 동기의 본질을 간단하게 한다는 것은 여기서 소개한 예처럼 명사, 단어로 표현하는 것입니다. 이와 같이 보편적이고 짧은 단어일수록 다음 워크에서 부정적인 행동 대신 취할 행동을 찾기가 수월합니다.

❺는 앞에서 습관화를 위한 행동을 취한 다음 "고마워"라고 감사 표현하기를 권했던 것과 같습니다. X에게는 당신과 다른 의식이 있기 때문에 부탁을 하고 나면 예의를 갖추어야 합니다. 감사 표현을 하면 당신을 향한 부하의 신뢰가 깊어집니다. X를 소중히 한다면 앞으로 협력하기가 수월해질 것입니다.

❻에서는, 예를 들어 "자유"라는 대답이 돌아왔다면 자유라는 단어의 이미지와 함께 몸으로 자유의 질감을 느껴보면 되는 것입니다.

### 새로운 습관에 대한 저항 멈추는 방법

---

플러스 동기의 본질을 끌어냈다면 새로운 습관에 저항하는 부

하의 행동을 승화시킬 수 있습니다. 여기서 기억해둘 것은, 그들이 바라는 것은 행동이 아니라 동기라는 것입니다. 더욱 중요한 것은 심화된 동기, 즉 동기의 본질입니다.

제 경우를 예로 들면 튀는 것이 두려운 부하가 바라는 플러스 동기는 '비판으로부터 자신을 지키는 것'입니다. 저는 '튀면 비판받는다'라고 여겨 두려워하고 있었던 것이지요. 그것을 추상화시킨 플러스 동기의 본질은 '안전'입니다.

**'비판으로부터 자신을 지키는 것(플러스 동기)' → '안전(플러스 동기의 본질)'**

이와 같이 동기의 본질을 채우는 것은 그 동기를 표현하는 감각을 충족시키는 것입니다. 예를 들어 '비판으로부터 자신을 지키는 것'이 동기의 본질이라면, 충족된 감각은 '튼튼한 방공호 안에 있는 것과 같은 안전한 감각'입니다. 만약 이 감각이 별도의 무해한 행동에 의해 충족될 수 있다면, 튀는 것이 두려운 부하는 그 욕구가 채워지는 것입니다. 이것이 바로 '승화'입니다.

제 경우 이 감각을, 누구와도 대화를 하지 않는 저만의 시간을 매일 한 시간 이상 갖는 것으로 충족시키고 있습니다. 매일 한 시간 이상 혼자서 틀어박혀 저만의 시간을 가짐으로써 이 부하의 욕구가 충족되는 것입니다. 이때 동기의 본질을 상징하는 이미지를 떠올리면 욕구가 더욱 채워집니다. 제 경우라면 튼튼한 방공호 안에 있는 이미지를 동시에 생각해내는 것입니다.

물론 혼자 틀어박혀 있다고 해서 아무것도 안 하며 시간을 헛되이 쓰는 것은 아닙니다. 공부를 하기도 하면서 시간을 보내곤 합니다. 이와 같은 대체 행동을 실천함에 따라 저는 지금도 겁쟁이지만, 매주 3일 정도는 강연이나 세미나에서 당당히 말을 하고 있습니다. 그리고 겁쟁이인 저도 제가 겸허함을 잃지 않도록 도움을 주고 있습니다. 어느 부하에게도 좋은 면이 있기 때문에 적재적소에 배치해 좋은 면이 나올 수 있도록 조정하고 있기 때문입니다.

이와 같이 동기의 본질을 채우는 해롭지 않은 행동을 찾아서 그것을 실천함에 따라 부정적인 행동의 에너지를 의식적으로 발산시키게 되면 새로운 습관에 저항하는 행동을 멈추기 쉬워집니다. 실제 이 방법으로 담배나 술을 끊은 분도 있습니다.

## 새로운 습관을 실천하는 포인트

이제 나쁜 습관을 좋게 승화시킬 순서를 소개하도록 하겠습니다.

[WORK19]의 ❷에서는 몸으로 느끼는 질감에 의식을 향할 때 직감적으로 떠오르는 것을 몇 가지 적어주세요. 머리로 생각하는 것

보다 직감적으로 떠오르는 생각들이 정확도가 높습니다.

❹는 ❸에서 선택한 행동이 당신 안에 있는 또 다른 부하들에게도 받아들여졌는지 확인하는 것입니다. 여기서 싫은 느낌이 들 경우 새로운 행동이 다른 갈등을 야기시킬 수 있기 때문에 행동이 제한됩니다. 그런 경우에는 다시 한 번 ❷로 돌아가 다른 선택지 중 두 번째 후보를 고릅니다. 그리고 두 번째 후보에서 다시 한 번 ❹의 과정을 실행합니다. 싫은 감정이 안 느껴진다면 그것으로 종료하고, 그렇지 않다면 다시 한 번 ❷로 돌아가 반복합니다.

저항하는 행동을 취하는 부하의 플러스 동기의 본질을 채울 해롭지 않은 행동을 찾았다면 이것을 매일 실천하도록 합니다. 매일 실천하다 보면 해롭지 않은 행동이 습관화되어 부하들이 자동적으로 운영하게 됩니다.

새로운 습관을 실천할 때의 중요한 포인트는, 새롭게 이끌어 낸 해롭지 않은 행동을 [WORK18]의 ❹에서 이끌어낸 X의 플러스 동기의 본질의 질감을 느끼며 실행하는 것입니다. 이때 [WORK18]의 ❻에서 만든 X가 바라는 플러스 동기의 본질을 상징하는 시각 이미지를 떠올리면서 실행해주세요. 그러면 그저 해롭지 않은 행동을 하는 것보다 더 강력하게 X의 욕구를 충족시킬 수 있습니다.

의식을 향하면 그것이 강화되기 때문에 X가 느끼는 플러스 동기

## WORK 19
# 새로운 습관과 대립하는 행동 고치기

❶ [WORK18]에서 이끌어낸 X가 바라는 플러스 동기의 본질에 가능한 충실하게 시각 이미지를 재현해주세요. 그리고 다시 한 번 그것에 반응하는 질감을 몸으로 확실히 느낍니다.

두근거리는 느낌, 자유롭게 바닷속을 헤엄치는 물고기 같은 감각

• 1~2분 정도 확실히 느껴주세요.

❷ 새로운 습관과 대립하는 행동을 대신할 수 있는 해가 되지 않는 행동을 찾아냅니다. 이는 [WORK18]의 ❻에서 이끌어낸 시각 이미지와 그것에 부합하는 몸으로 느끼는 질감을 충족시키는 행동입니다.

자유 = ⬤—X
X가 바라는 플러스 행동의 본질

시각 이미지

몸으로 느끼는 감각

X가 바라는 플러스 동기의 본질의 시각 이미지와 그것에 부합하는 몸으로 느끼는 질감에 의식을 향했을 때 직감적으로 떠오르는 무해한 행동을 몇 가지 기록합니다. 이것은 X가 채우고 싶어 하는 플러스 동기의 본질과 같은 질감을 느낄 수 있는 것으로 신중히 고릅니다.

• 매일 실천할 수 있는 간단한 것을 고르고, 적어도 세 가지를 써주세요.

**무해한 행동**
- 수영하기
- 여행 가기
- 재미있는 소설책 읽기
- 평소에 가보지 않았던 길 산책하기
- 새로이 무언가 배우기
- 모르는 사람과 만나기

세 가지 선택

- 수영하기
- 재미있는 소설책 읽기
- 평소 가보지 않았던 길 산책하기

❸ 몇 가지 무해한 행동 가운데 X가 채우고 싶어 하는 플러스 동기의 본질의 질감을 더욱 느낄 수 있는 것으로 하나 고릅니다.

❹ 그것을 실천하는 것을 이미지화했을 때 싫은 감정이 있는지를 살핍니다.
- 싫은 기분을 느낄 때에는 ❷로 돌아가 다른 것을 다시 선택해주세요.

의 본질의 질감과 X가 바라는 플러스 동기의 본질의 시각 이미지도 오히려 왕이 느끼거나 이미지화하도록 의식함에 따라 부하인 X를 충족시키는 힘이 됩니다. 이것을 반복적으로 실행하다 보면 이

질감을 느끼는 것도, 이미지화하는 것도 자동화됩니다. 이로써 X
의 욕구를 충족시키는 무해한 행동이 습관화됩니다.

## 습관화를 막는 최후의 함정 극복하기

지금까지 설명한 과정을 성실히 실행하면 새로운 습관을 몸에
익히는 데 저항하는 마음이 완화됩니다. 새로운 습관을 만들기 위
한 행동을 실행하기도 쉬워집니다. 그러나 여기에도 함정이 있습
니다. 바로 새로 몸에 익히고 싶은 습관이 어떻게 되든 상관없어
지는 경우가 많은 것입니다. 왜냐하면 인간은 할 수 없을 때 하고
싶다고 생각하기 때문입니다.

사람들이 동기부여를 느끼는 것은 당연하게 할 수 있는 것이 아
닌 어렵다고 느끼는 것들입니다. '아침에 일찍 일어나기 힘들다'는
딜레마를 느끼고 있는 사람은 '일찍 일어나면 좋겠다'고 생각합니
다. 의외라고 생각될지 모르겠지만, 일찍 일어나는 것이 가능해지
면 그다음은 일찍 일어나는 것이 어떻게 되든 상관없어져서 일찍
일어나는 것에 대한 흥미를 잃는 경우가 많습니다.

저는 예전에 스트레스만 쌓이면 과식을 하게 되어 체중이 학창
시절보다 23킬로그램이나 늘었던 적이 있습니다. '내 몸무게가 이
렇게나 늘었나?'라고 느끼며 '과식하면 안 되겠어'라고 생각해도

몸무게는 계속 늘어났습니다. 그런데 그 후 이 책에서 소개하는 방법을 실행해본 결과, 75킬로그램까지 늘어났던 체중을 4개월 반 만에 51킬로그램까지 줄였습니다.

높은 동기부여로 다이어트에 성공하고 나서 저는 곧 다이어트에 대한 흥미를 잃게 되었습니다. '언제든 다이어트를 할 수 있어'라고 자연스레 생각하게 되었기 때문입니다. 그 결과 59킬로그램까지 체중이 늘었습니다. 실은 조금 더 빼는 편이 낫지만, 언제든 할 수 있다고 생각하다 보니 어떻게 되든 상관없어지는 것입니다. 그래서 마지막으로 중요한 것을 하나 더 전하려고 합니다. 그것은 하고 싶으니까 하는 것이 아니라 '중요하니까 하는 것'이라고 생각해야 한다는 것입니다.

할 수 없으니까 하고 싶다는 바람이 완화된 지금, 새로운 습관을 위한 행동이 설사 재미없는 것일지라도 차곡차곡 실행해나가시기 바랍니다. 감정은 당신의 행동을 지지해줄 강력한 동기부여의 원천입니다. 따라서 감정이 당신이 바라는 방향으로 나아가는 데 도움이 되도록 활용해야 합니다. 그러나 감정은 불안정하다는 결점이 있습니다.

감정은 마음이니까 쉽게 바뀐다고 합니다. 좋거나 싫은 감정을 행동의 중심에 두면 되는 대로 해버려 중요한 것을 끝까지 완수하지 못하게 됩니다. '감정=당신'이 아니라는 것을 꼭 기억해야 합니다. 주체적으로 선택할 수 있는 의식이 하겠다고 정해 실행을 해야 하는 것입니다. 그것이 가능해지면 어떻게 되든 상관없어지는 것이 많다고 말씀드렸는데, 어떻게 되든 상관없는 것은 감정입니다.

가령 감정이 어떻게 되든 상관없다 해도 주체적으로 선택할 수 있는 의식은 그것을 긴 안목으로 보고 중요한지 그렇지 않은지를 이성적으로 판단할 수 있습니다. 그리고 중요하다는 생각이 든다면 어떻게 되든 상관없다고 느껴도 계속 이어가시길 바랍니다. 즉, 새로 몸에 익히고자 하는 습관에 대한 저항이 완화되었을 때 정말 바뀔 수 있는지를 시험해보는 것입니다. 그것은 마지막 워크뿐 아니라 이 책에서 소개한 모든 워크에 적용되고, 다양한 테크닉을 몸에 익히려 할 때에도 적용할 수 있습니다.

저는 20년 가까이 능력개발 현장에서 이 책에 소개한 것보다 훨씬 고도의 테크닉들을 가르쳐왔지만, 변화한 것에 만족해 원래로 돌아가버린 사람도 많이 봤습니다. 변화란 테크닉에 따라 초래되는 것이 아닌 의식에 의해 실현하는 것입니다.

의식은 흔들거리는 감정이 아닙니다. 좋고 싫음을 넘어 똑바로 뻗어가는 것입니다. 어떠한 테크닉도 흘려버리지 않고 주체적으로 선택할 수 있는 의식이 실행하는 것이기 때문에 끝까지 완주해나갈 수 있습니다. 주체적으로 선택할 수 있는 의식은 테크닉이 아니라 테크닉을 사용하는 '존재Being'인 것입니다.

이 책은 테크닉보다 의식이라고 하는 존재의 가능성을 중심으로 써내려갔습니다. 변화의 중심이 의식이고, 의식에서부터 변할 수 있다는 희망을 조금이라도 느껴주신다면 바랄 것이 없겠습니다.

# 습관을 바꾸는
# 생각의 힘

**1판 1쇄 인쇄** 2020년 12월 7일
**1판 1쇄 발행** 2020년 12월 24일

**지은이** 야마사키 히로시
**옮긴이** 한양희
**펴낸이** 여종욱

**책임편집** 권영선
**디 자 인** ALL designgroup

**펴낸곳** 도서출판 이터
**등  록** 2016년 11월 8일 제2016-000148호
**주  소** 인천시 중구 은하수로229 영종 한신더휴 스카이파크
**전  화** 032-746-7213 **팩  스** 032-751-7214 **이메일** nuri7213@nate.com

**ISBN** 979-11-89436-20-9 (03190)

이 도서의 국립중앙도서관 출판시도서목록(CIP)은 e-CIP 홈페이지
(http://www.nl.go.kr/cip.php)에서 이용하실 수 있습니다. (CIP제어번호:2020050080)

값은 뒤표지에 있습니다.
잘못 만들어진 책은 구입처에서 교환해 드립니다..